Kostenlose Online-Spiele Entdecken

Hier Erhältlich:

BestActivityBooks.com/FREEGAMES

5 TIPPS FÜR DEN ANFANG!

1) LÖSUNG DER RÄTSEL

Die Puzzles haben ein klassisches Format :

- Die Wörter sind ohne Abstand, Bindetrich usw… versteckt
- Richtung : vor-& rückwärts, auf & ab oder in der Diagonale (beider Richtungen)
- Die Wörter können übereinanderliegen oder sich kreuzen

2) AKTIVES LERNEN

Neben jedem Wort ist ein Abstand vorgesehen zum Aufschreiben der Übersetzung. Um ihre Kenntnisse zu überprüfen und zu erweitern befindet sich am Ende des Buches ein **WÖRTERBUCH**. Suchen sie die Übersetzungen, schreiben sie sie auf, dann können sie sie in den. Puzzles suchen und ihrem Wortschatz hinzufügen.

3) ANZEICHNUNG DER WÖRTER

Haben sie schon einmal versucht eine Anzeichnung zu verwenden? Sie könnten zum Beispiel die Wörter, die schwer zu finden sind, ankreuzen, die Wörter, die sie lieben, mit einem Stern, neue Wörter mit einem Dreieck, seltene Wörter mit einem Diamant usw … anzeichnen

4) IHR LERNEN ORGANISIEREN

Am Ende dieser Ausgabe bieten wir auch ein praktisches **NOTIZBUCH** an. Ob im Urlaub, auf Reisen oder zu Hause, sie können ihr neues Wissen ganz einfach organisieren, ohne ein zweites Notizbuch zu benötigen!

5) SIND SIE AM SCHLUSS ?

Gehen sie zum Bonusbereich : **MONSTER-HERAUSFÖRDERUNG,** um ein kostenloses Spiel zu finden, das am Ende dieser Ausgabe angeboten wird !

Lust auf mehr Spaß und **Lernaktivitäten? Schnell und einfach :** eine ganze Spielbuchsammlung mit einem einzigen Klick erhaltbar :

Mit diesem Link finden sie ihre nächste Herausforderung :

BestActivityBooks.com/MeineNachsteWortsuche

Achtung, fertig, ... Los !!

Wussten sie, dass es auf der Welt ungefähr 7.000 verschiedene Sprachen gibt ? Wörter sind kostbar.

Wie lieben Sprachen und haben schwer daran gearbeitet, die Bücher von höchster Qualität für sie zu entwerfen. Unsere Zutaten ?

Eine Auswahl von angepassten Lernthemen, drei große Scheiben Spaß, dann fügen wir einen Löffel schwieriger Wörter und eine Prise seltener Wörter hinzu. Wir servieren sie mit Sorgfalt und ein Maximum an Freude, damit sie die besten Wortspiele lösen und Spaß am Lernen haben.

Ihre Meinung ist wichtig. Sie können aktiv zum Erfolg dieses Buches beitragen, indem sie uns eine Bemerkung hinterlassen. Sagen sie uns, was ihnen an dieser Ausgabe am besten gefallen hat !!

Hier ist ein kurzer Link, der sie zu ihrer Bewertungsseite führt

BestBooksActivity.com/Rezension50

Vielen Dank für ihre Hilfe und viel Spaß

Linguas Classics

1 - Gesundheit und Wellness #2

```
T  D  L  N  Z  G  E  N  E  T  İ  K  F  E  D  Q
M  M  T  U  K  Y  U  Y  S  E  R  T  S  N  B  M
E  D  Q  I  H  A  T  Ş  I  Y  N  A  A  F  K  Z
V  İ  M  O  T  A  N  A  C  I  G  A  R  E  J  G
E  Y  M  K  F  H  H  L  P  D  J  C  T  K  E  Y
Q  N  V  I  Z  G  G  K  L  M  Q  E  S  S  G  D
S  R  E  L  K  S  İ  R  N  M  A  M  A  I  A  S
H  B  N  R  G  O  O  Q  R  S  B  T  Ğ  Y  V  H
Q  P  C  I  J  A  S  A  M  C  Y  A  L  O  İ  G
S  E  J  Ğ  P  I  K  A  L  O  R  İ  I  N  T  U
P  N  E  A  Q  H  N  U  L  Y  D  J  K  N  A  A
O  B  A  O  H  I  J  Y  E  N  Z  R  L  T  M  D
R  M  G  L  H  G  V  A  J  V  H  E  I  A  İ  R
S  F  Y  K  A  T  P  G  J  M  Y  L  G  A  N  K
O  J  U  H  V  L  J  S  Q  A  F  A  Q  D  İ  A
Q  C  P  H  A  S  T  A  L  I  K  Q  N  G  E  O
```

ALERJİ	ENFEKSIYON
ANATOMİ	KALORİ
IŞTAH	HASTANE
KAN	HASTALIK
DIYET	MASAJ
ENERJI	RİSKLER
GENETİK	UYKU
SAĞLIKLI	SPOR
AĞIRLIK	STRES
HIJYEN	VİTAMİNİ

2 - Ozean

```
B  B  R  S  I  R  E  N  R  S  N  E  B  J  F  K
P  A  C  I  Ç  E  G  N  E  Y  E  R  O  B  G  A
E  R  L  I  C  S  K  D  K  K  Y  P  T  I  F  P
G  N  S  I  U  İ  O  A  Ö  S  R  G  Y  O  P  L
E  A  E  Ğ  N  F  P  L  P  S  V  Q  U  Z  I  U
L  H  K  I  L  A  B  G  E  R  E  G  N  Ü  S  M
G  T  V  L  U  P  P  A  K  B  Y  J  U  E  A  B
İ  A  T  A  I  F  D  L  B  Q  D  I  S  P  N  A
T  P  D  B  G  E  F  A  A  D  İ  A  Z  P  A  Ğ
E  O  J  N  M  S  R  R  L  H  R  B  F  V  Z  A
R  T  I  A  Z  E  P  O  I  J  İ  G  I  S  İ  A
Y  Q  K  L  G  D  R  M  Ğ  P  T  K  R  Z  N  F
O  R  P  I  S  İ  H  C  I  P  S  T  T  B  E  T
S  I  J  Y  A  R  G  D  A  S  İ  G  I  F  D  U
U  S  K  H  A  A  J  M  Y  N  U  R  N  V  Z  Z
N  E  H  O  C  K  B  M  Y  T  Q  N  A  M  R  T
```

YILAN BALIĞI	YENGEÇ
YOSUN	AHTAPOT
İSTİRİDYE	DENİZANASI
BOT	RESİF
YUNUS	TUZ
BALIK	KAPLUMBAĞA
KARİDES	SÜNGER
GELGİT	FIRTINA
KÖPEKBALIĞI	BALINA
MERCAN	DALGALAR

3 - Krankheit

```
E  C  Y  V  Z  H  İ  T  A  P  O  R  Ö  N  A  K
E  N  B  L  R  E  L  K  İ  M  E  K  B  R  L  A
A  S  Ü  N  İ  S  T  İ  T  E  R  A  P  İ  E  L
O  R  O  V  A  D  İ  N  B  H  A  Y  K  M  R  I
Y  A  O  L  Z  P  H  O  S  Q  H  Z  B  T  J  T
O  S  D  D  U  O  A  R  U  E  T  V  R  N  İ  S
V  Ü  C  U  T  N  P  K  E  N  D  H  B  L  A  N
N  U  J  Y  N  N  U  Z  U  K  Z  D  Z  T  E  L
Y  E  A  B  H  H  Z  M  G  Q  A  O  R  L  R  Z
Z  I  Z  K  I  L  K  I  Ş  I  Ğ  A  B  O  J  K
O  K  C  İ  U  L  I  Z  A  Y  I  F  G  Y  M  A
F  Y  C  T  B  T  L  B  U  L  A  Ş  I  C  I  L
V  U  F  E  U  L  Ğ  O  F  I  C  J  F  U  N  P
U  O  C  N  D  F  A  E  K  L  F  I  J  A  Q  T
S  E  Q  E  R  P  S  J  E  H  M  E  Y  V  F  K
M  Z  G  G  B  A  K  T  E  R  İ  Y  E  L  T  Q
```

AKUT	KALP
ALERJİLER	BAĞIŞIKLIK
BULAŞICI	KEMİKLER
SOLUNUM	VÜCUT
BAKTERİYEL	NÖROPATİ
KRONİK	ZAYIF
İLTİHAP	SİNÜS
KALITSAL	SENDROM
GENETİK	TERAPİ
SAĞLIK	

4 - Meditation

```
H D F F D V A M M E S N N Z O E
J M U S K P L I U F Q E E İ S M
S A E R L R D N T Y S Z F H J R
Z U F S U H O N L F Q A E İ P C
A K I L I Ş Ğ E U D C K S N Y J
Y I T U Q Q A T L J P E A S I R
T N K B R U O T U M H T L E D E
S A E A B T U A K Ü A I M L S L
E Y P K T Z O R Ö Z R B A P J E
S U S F D I D L Ğ I E D A K Q C
S H R E N B G I R K K N H R M N
I L E S L K C K E F E A V A I Ü
Z Z P V A H P O N R T D U V K Ş
L Q D L R K N C M D T O D M J Ü
I O U Q R Z I T E M A H R E M D
K O C G N J O N K I L K I Ç A L
```

KABUL	AÇIKLIK
NEFES ALMA	ÖĞRENMEK
HAREKET	MERHAMET
MINNETTARLIK	MÜZIK
NEZAKET	DOĞA
BARIŞ	PERSPEKTIF
DÜŞÜNCELER	SAKIN
ZİHİNSEL	SESSIZLIK
MUTLULUK	AKIL
DURUŞ	UYANIK

5 - Archäologie

```
D K G S I O I M E Z A R B F F R
L E E K P D B E U T P T A K I M
M K Ğ M M L Z Z E A R E T E Z O
S F A E İ Q U I I P O Y F I Y F
H L Ç U R K C G A I F I C G V D
F O S İ L L L R H N E N K L Y E
N C E E F U E E L A S E A D C E
C E Q M C Z T N R K Ö D L C U N
J H S Z M D Y E D Z R E I H J A
I C V N V K I E D I R M N Q J F
P J Y J E D Ö L C L R C T A K K
U Z M A N H H P B A I M I S B O
Z O Ş U M L U T U N U Q E B D E
R I Z E V O I R U A D V N G J B
A R A Ş T I R M A C I B R U Z Q
B I L I N M E Y E N Z K Z I L M
```

ANALIZ	TAKIM
DEĞERLENDIRME	DÖL
ÇAĞ	NESNE
UZMAN	PROFESÖR
ARAŞTIRMACI	KALINTI
FOSİL	TAPINAK
GIZEM	BILINMEYEN
MEZAR	UNUTULMUŞ
KEMİKLER	MEDENIYET

6 - Gesundheit und Wellness #1

```
C R H İ B B I T J J L J I R D C
H D P L T E D A V I Y B Y Z L I
Y T Y A L N I K T E A A A G Y L
C O T Ç E A N I G I R K P C S T
C H D A C Z R L R A A T H O I V
K R M J D C E Ç G Z L E R F S M
I G Z K O E J A P F A R P D İ U
L F P Q K V L B K İ N İ L K N S
N N B U T G L Y P H M O P G İ M
A P Q H O G S Q V G A G N K R L
K I V D R E L K İ M E K A F L S
Ş I E M H R F L E Y U V G C E I
I I R Y Ü K S E K L I K İ S R Y
L A J I T E R A P İ F A M R H K
A S Q A K B U J S T T E H J Ü P
R A H A T L A M A L S N R A V S
```

ETKIN	AÇLIK
ECZANE	KLİNİK
DOKTOR	KEMİKLER
BAKTERİ	İLAÇ
TEDAVI	TIBBİ
RAHATLAMA	SİNİRLER
KIRIK	REFLEKS
ALIŞKANLIK	TERAPİ
CILT	YARALANMA
YÜKSEKLIK	VİRÜS

7 - Obst

```
D  F  F  I  D  R  H  U  Q  Y  G  U  L  M  N  U
L  D  M  A  S  O  N  O  M  İ  L  G  J  T  B  G
U  T  T  S  R  F  I  E  P  A  P  A  Y  A  Ö  U
N  J  V  I  J  C  L  O  K  I  R  E  P  C  Ğ  V
L  R  F  J  P  N  A  G  A  T  E  E  K  K  Ü  V
F  G  J  Z  L  I  T  V  U  O  A  I  A  İ  R  I
A  N  A  N  A  S  F  J  O  K  Q  R  V  V  T  K
M  A  P  Y  K  B  E  H  B  K  H  I  U  İ  L  I
L  L  N  B  T  Y  Ş  Q  N  U  A  E  N  Y  E  R
E  M  I  B  R  O  K  M  C  L  V  D  J  A  N  A
O  E  B  B  U  C  N  U  R  U  T  S  O  H  F  Z
G  A  T  F  F  L  N  O  Ü  Z  T  R  M  U  R  L
Y  V  K  A  Y  I  S  I  Z  D  U  T  O  D  P  Q
R  P  H  N  E  N  R  E  Ü  T  M  M  Y  U  K  I
I  K  N  J  R  G  E  L  M  K  R  R  B  D  S  Z
C  Q  V  N  G  O  H  N  S  L  A  U  U  U  C  P
```

ANANAS	KIRAZ
ELMA	KİVİ
KAYISI	KAVUN
AVOKADO	NEKTAR
MUZ	TURUNCU
DUT	PAPAYA
ARMUT	ŞEFTALI
BÖĞÜRTLEN	ERIK
GREYFURT	ÜZÜM
AHUDUDU	LİMON

8 - Universum

```
G K N Y D E M C A E G M N S Y M
Ü Z Ü Y K Ö G P E P S Ö L L M Z
N J G A Y F R O G U E B K N Z U
D A D N N G E K A Ö M Q U A H K
Ö E H D E K F S O T R F F A D K
N N D G Ö K S E L Z H Ü U Q G A
Ü B V B D Z O L A O M S N E D Y
M M G J Z Y M E V E O İ K Ü S A
Ü H N K V R T T H N N C K B R R
Z O D Y A K A R D L O S I R E I
A S T R O N O M İ E R P L B B M
E K V A T O R A Z M T C N L H K
T H R Z D E A L Q V S E A J U Ü
J R V Q D Z N Y H F A H R Y O R
Y Ö R Ü N G E O T Q F Y A J S E
R Q B O Y P A B A M I R K H I S
```

ASTRONOM	GÖKSEL
ASTRONOMİ	UFUK
ATMOSFER	KOZMİK
EON	BOYLAM
EKVATOR	AY
ENLEM	YÖRÜNGE
KARANLIK	GÖRÜNÜR
GÖKADA	GÜNDÖNÜMÜ
YARIMKÜRE	TELESKOP
GÖKYÜZÜ	ZODYAK

9 - Camping

```
A S A B D O P C N S G T M J V C
V F A P F O R I D A Ç I Z A H C
Z J D U E A Ğ M S M F R B V O S
B T A S N B Y A A G N D Z V E J
E N Ğ U E Ö K K S N İ B A K Ğ P
E H V L R C I P P K A M A H L N
I P I A Ş E T A A H A P D A E T
B J B I J K S Ş J B I N I Y N M
O M R D H H T B S C B C O V C A
V L U F P H H A R İ T A K A E C
A V C I L I K Y F Z S Y Q N J E
I Y M K Ö V F O B K G E C L U R
Z G V J G H B F C K J V K A E A
L Y C F G K D F V F S P O R H T
I R F I L A E R O J O C E V D R
T Q J Y S C P A V P G H T F O T
```

MACERA	PUSULA
DAĞ	FENER
ATEŞ	AY
HAMAK	DOĞA
ŞAPKA	GÖL
BÖCEK	IP
AVCILIK	EĞLENCE
KABİN	HAYVANLAR
KANO	ORMAN
HARİTA	ÇADIR

10 - Zeit

```
S D A J B Z S Q R L Z Ş Y T D S
H H A M U C I O D M M I V K A T
N J Y C M L I Y N O E M J E K S
H A T K C I V Z Ü R T D T N İ A
N K V E O Y A G G L A I G F K B
B T Ö F P H Q T U V A K K E A A
O C O N E K R E B C S N P T C H
Y A P G C J B V Ö Ğ L E T M Y E
D S K Ü F E G R Y N I O F S L P
T Q O N Ü D T F L O Y F Y U G D
U G E Z Q Q H H K R Z L H K M V
A Y P L M V A O G O Ü K G Y P L
Y I L L I K F Y I B Y D M U V P
E L T B O Z T G E L E C E K O R
Z O M B Z U A M E B V K Q Z O Q
G I L O T L G P K J J J C R U L
```

ERKEN	ÖĞLE
DÜN	AY
BUGÜN	SABAH
YIL	SONRA
YÜZYIL	GECE
ON YIL	GÜN
YILLIK	SAAT
ŞIMDI	ÖNCE
TAKVIM	HAFTA
DAKİKA	GELECEK

11 - Säugetiere

```
H U T A U C C M I M M F D B G G
K J İ N A L S A J V K Y Z O M I
T L L A K A Ç E B I Ö N E Ğ F O
L F K L K I G J N R P I B A J R
S I İ P K A I O S V E L R A Q N
R L N A H U N U Y O K T A M P L
B Y L K E P R G Z D V A N E S R
Z Ü R A F A Q T U H O Y J A I N
P B M A Y M U N D R T I D B P S
B A U Z N I N E N V U E A T R I
E L İ R O G T Y U I Q R U G M Ç
N I P Q E H S K K F J V O H H A
G N Z N A I Z Y Q Q S Y I B D N
I A Q L Z R I Y V R G P Z K V Y
P Z L O L E L E J F Z I M N J O
B E Z N F N P M T R C L D C H C
```

MAYMUN	ASLAN
AYI	PANTER
KUNDUZ	AT
FIL	SIÇAN
TİLKİ	KOYUN
ZÜRAFA	BOĞA
GORİL	KAPLAN
KÖPEK	BALINA
KANGURU	KURT
ÇAKAL	ZEBRA

12 - Algebra

```
S  Z  R  Y  M  S  O  N  S  U  Z  G  N  F  G  B
C  E  H  F  A  E  M  F  J  S  L  V  E  O  R  A
F  U  U  R  L  N  E  K  Ş  I  Ğ  E  D  R  A  S
R  A  I  Q  P  K  L  M  J  V  A  N  N  M  F  İ
N  M  K  C  O  Y  K  I  B  S  U  O  P  Ü  İ  T
U  R  P  T  T  D  N  A  Ş  G  T  R  J  L  K  L
M  A  Q  K  Ö  C  E  T  Z  D  Q  N  G  A  K  E
A  K  I  L  S  R  D  F  V  Q  Y  H  H  S  P  Ş
R  I  A  G  D  S  Ü  S  M  B  O  F  Z  U  G  T
A  Ç  V  U  L  İ  Y  E  Ç  Ö  Z  Ü  M  R  K  İ
S  O  R  U  N  R  Y  K  E  E  K  E  J  Ğ  L  R
Y  N  I  L  H  T  E  A  P  L  V  B  U  O  V  R
T  G  F  T  F  A  E  N  G  A  O  K  P  D  M  B
Y  Y  I  P  H  M  J  F  P  R  I  S  E  K  D  F
F  U  S  Ç  Ö  Z  M  E  K  L  A  C  Z  N  D  R
C  I  Q  S  G  K  E  Q  R  Q  I  M  E  P  R  K
```

KESIR	ÇÖZÜM
DİYAGRAM	MATRİS
ÜS	SIFIR
FAKTÖR	NUMARA
YANLIŞ	SORUN
FORMÜL	ÇIKARMA
DENKLEM	TOPLAM
GRAFİK	SONSUZ
DOĞRUSAL	DEĞİŞKEN
ÇÖZMEK	BASİTLEŞTİR

13 - Diplomatie

```
D  G  G  Ü  V  E  N  L  I  K  İ  T  E  S  B  Ç
J  İ  E  L  Ç  İ  L  İ  K  D  B  L  V  E  Ü  Ö
Y  R  P  Y  Z  C  T  O  P  L  U  L  U  K  Y  Z
S  A  A  L  H  N  D  A  N  I  Ş  M  A  N  Ü  Ü
B  G  B  Z  O  Y  M  A  M  R  B  L  A  E  K  M
Ü  Y  T  A  B  M  E  F  M  P  O  P  G  K  E  V
T  M  Q  U  N  P  A  V  V  Ş  M  H  T  C  L  A
Ü  Z  K  T  O  C  G  T  İ  N  A  S  N  İ  Ç  T
N  B  L  U  N  L  I  F  İ  L  D  L  L  R  İ  A
L  S  İ  Y  A  S  E  T  V  K  A  K  T  I  M  N
Ü  L  I  T  T  V  U  R  E  L  L  İ  D  N  E  D
K  H  Ü  K  Ü  M  E  T  G  E  E  A  K  K  A  A
E  F  S  P  Y  P  A  M  Ş  I  T  R  A  T  A  Ş
G  Y  P  C  J  Z  R  M  C  L  Y  T  T  D  A  L
İ  Ş  B  İ  R  L  İ  Ğ  İ  P  D  O  C  G  R  A
Ç  E  K  I  Ş  M  E  L  Q  S  L  O  S  Y  Q  R
```

YABANCI	İNSANİ
DANIŞMAN	BÜTÜNLÜK
ELÇİLİK	ÇEKIŞME
BÜYÜKELÇİ	ÇÖZÜM
VATANDAŞLAR	SİYASET
DİPLOMATİK	HÜKÜMET
TARTIŞMA	GÜVENLIK
ETİK	DİLLER
TOPLULUK	ANTLAŞMA
ADALET	İŞBİRLİĞİ

14 - Astronomie

```
K  K  M  K  P  K  V  G  H  T  Z  B  L  J  R  I
A  S  T  R  O  N  O  T  E  M  U  D  Y  U  A  K
Y  G  T  E  K  K  G  C  G  Z  D  T  B  E  Y  A
D  K  C  Q  S  Y  Ö  V  R  P  E  U  U  Y  C  Y
O  J  A  E  E  O  K  G  S  O  F  G  K  L  G  A
Z  P  D  J  L  K  Y  E  Q  T  K  I  E  N  M  Y
K  L  K  K  E  A  Ü  R  H  B  N  E  M  N  M  A
T  F  J  V  T  Z  Z  J  D  E  R  B  T  N  T  V
T  O  P  R  A  K  Ü  L  O  E  A  U  C  D  Z  O
G  Ö  K  A  D  A  J  T  V  V  S  L  T  Z  N  N
G  Ü  N  E  Ş  E  V  R  E  N  A  U  M  L  Q  R
V  O  D  O  M  E  T  E  O  R  T  T  M  O  U  E
Y  I  L  D  I  Z  C  V  H  Q  H  S  J  S  K  P
A  S  T  R  O  N  O  M  B  R  A  U  Q  M  I  Ü
F  G  P  D  D  F  L  P  K  T  N  P  R  H  O  S
Z  C  G  U  F  Z  F  Q  R  I  E  F  Z  Q  H  T
```

ASTRONOT   GEZEGEN
ASTRONOM   ROKET
TOPRAK   UYDU
TUTULMA   GÜNEŞ
GÖKADA   YILDIZ
GÖKYÜZÜ   SÜPERNOVA
METEOR   TELESKOP
AY   ZODYAK
BULUTSU   EVREN
RASATHANE

15 - Ballett

```
L  K  R  A  L  S  A  K  Y  D  M  İ  T  İ  R  M
B  O  O  L  O  S  D  S  V  E  H  P  M  A  L  R
A  R  K  K  B  F  P  A  M  Ü  Z  I  K  L  R  O
L  E  G  I  E  R  R  N  N  G  B  U  O  I  L  Z
E  O  Y  Ş  S  L  O  S  O  S  E  I  M  D  D  Y
R  G  N  U  T  T  V  A  I  N  Ç  V  J  S  R  P
İ  R  A  D  E  D  A  N  T  S  Q  I  T  U  Z  K
N  A  T  C  C  U  G  A  C  K  O  R  L  D  D  U
A  F  Q  G  I  C  R  T  F  B  Y  E  Q  A  P  Q
E  İ  P  S  I  Q  C  S  R  P  M  C  L  B  R  O
N  M  O  Q  E  Z  Z  A  R  D  R  E  Z  U  P  K
O  C  U  I  L  M  A  L  N  A  B  B  R  F  U  B
J  E  S  T  K  G  L  R  O  R  K  E  S  T  R  A
Y  O  Ğ  U  N  L  U  K  İ  N  K  E  T  S  Y  F
P  P  M  P  M  L  S  N  D  F  C  F  S  L  I  C
B  S  I  K  B  Y  A  S  E  Y  I  R  C  I  H  H
```

ZARİF	MÜZIK
ALKIŞ	KASLAR
ANLAMLI	ORKESTRA
BALERİN	PROVA
KOREOGRAFİ	SEYIRCI
BECERI	RİTİM
JEST	SOLO
YOĞUNLUK	TARZ
BESTECI	DANSÇILAR
SANATSAL	TEKNİK

16 - Strand

```
O Z V N U G D I M Q Z P T I F D
G K T T Ü N D H U Q N A F T J
Q O Y S I N Ü G A L G J T O K T
P D S A T E L A D N A S I F I Y
A R Z D N Ş T P K B H D L F R K
Y H M A T U N Z H I B B I Z S Q
E S J C R O S H Y L V D S Z G E
N H B E L B E F E R Q U R O E A
G B H R D L V G V C S G K İ K B
E O I U H I Q B Z K H A V L U Q
Ç T S V Y V V E D U R Z I N E D
F H M T T E Y İ S M E Ş V E L R
S A H I L V Z S C P S I A K C Z
B L V P B U M T R T İ Y M L K R
M E S Q H I Q O U Q F Q T E E B
Z M M P P M L I Z A G I Z Y B I
```

MAVI	OKYANUS
BOT	ŞEMSİYE
DOK	RESİF
HAVLU	KUM
ADA	SANDALET
YENGEÇ	YELKENLİ
SAHIL	GÜNEŞ
LAGÜN	TATIL
DENIZ	

17 - Geologie

```
D J Q A R E N T U D K G E Z K V
D Z M R P P E Q C S U S T Y A O
N K K P B C K Y L S V A D İ L L
K Y R U M I I Q O K A R Ö K S K
M Z P Z T Z T I Q M R K N K İ A
E E G L Ö B A P H G S I G H Y N
R M R I U B S T V D G T Ü E U N
P K F C E R O Z Y O N T L F M E
E Ö L D A E O Y D A J A E H L A
D D B Q E N U L I B R Ş R M E O
G A Y Z E R M İ N E R A L L E R
E I F A O P G S D B E O Ğ T U Z
F A P U V L A O N Q E J L A V A
T O Q R G L J F S J P E O I M O
D D R R A R D Z E B U D B T D F
E L M B H S O Y A Y L A Z Q K I
```

DEPREM	MİNERALLER
EROZYON	YAYLA
FOSİL	KUVARS
DÖKME	TUZ
GAYZER	ASİT
MAĞARA	SARKIT
KALSİYUM	TAŞ
KITA	VOLKAN
MERCAN	BÖLGE
LAV	DÖNGÜLER

18 - Wissenschaft

```
K M D M O R G A N İ Z M A A K H
F J P E G J E S Ğ E F K D M D K
B Z T H N A O D D O E O C N L C
F İ Z İ K E Z A O F D F Z Z Ü R
C U M Y E S Y D U D P R F E K İ
M İ N E R A L L E R Y Ö N T E M
O K G E R Ç E K P B P G E O L İ
T T İ D A R E P C İ I V L P O K
A N L M I L K I V T E V R I M E
V M H S Y V P Z O K F D O H T Ç
F O S İ L A F A J İ P J E L Q R
F D Y C N E S L J L I V H G K E
B S A U L V A A A E D V Y Q S Y
Y R P F S M Y Q L R D E Y I J J
G J C R A L K I C A Ç R A P G K
L A B O R A T U V A R I O F C K
```

ATOM
KIMYASAL
VERI
EVRIM
DENEY
FOSİL
HIPOTEZ
IKLIM
LABORATUVAR
YÖNTEM

MİNERALLER
MOLEKÜL
DOĞA
ORGANİZMA
PARÇACIKLAR
BİTKİLER
FİZİK
YERÇEKİMİ
GERÇEK

19 - Sport

```
K P I H C B L O B T E K S A B V
I A O H A M S C I V F K Y F G Y
N L Z S U U I S T G N R K Z I
L U D A C Y J B I Z F E F T N T
D U N A N D O J K Z L V E S B T
V J G T U A O İ L N O L A S T U
U E B Z Y T N M E R B Y Z T A I
Z D N Q O S U N T L Z H U S K A
H A R E K E T A M E Y J A N I U
G C D J U P E S İ N E T G K M J
B R A O H E L T D T B Ç O K E G
Z M T F S R T İ F S U E L O H M
K C T U H E A K J C G U F I O E
V G D M Z Z Ş A M P İ Y O N K H
C E S L E Q K V S L Q V P L E I
Z F P Y J B M H M E M K J G Y Z
```

ATLET	JİMNASTİK
BEYZBOL	TAKIM
BASKETBOL	ŞAMPİYON
HAREKET	HAKEM
HOKEY	OYUN
BISIKLET	OYUNCU
KAZANAN	STADYUM
GOLF	TENİS
SALON	KOÇ

20 - Mythologie

```
U  U  S  E  Q  M  I  R  I  D  L  I  Y  O  J  Y
P  H  H  O  F  C  Ç  U  E  C  E  N  N  E  T  A
L  F  K  C  S  S  Ş  S  G  Q  Q  G  B  E  F  R
Z  O  S  R  S  K  A  B  T  P  L  Ö  D  B  E  A
K  U  Z  T  K  J  V  N  N  P  O  K  A  I  L  T
D  Ü  Ü  E  O  Y  A  O  E  B  G  G  V  T  A  I
E  L  L  N  Y  Y  S  S  R  H  C  Ü  R  Y  K  K
T  Ü  M  T  V  T  A  I  İ  G  A  R  A  A  E  S
O  Y  Ü  K  Ü  L  E  O  B  F  N  Ü  N  R  T  J
J  Ü  L  U  N  R  K  P  A  R  A  L  I  A  I  L
R  B  Ö  D  B  Q  C  K  L  L  V  T  Ş  T  N  M
Z  T  J  E  M  Q  C  J  U  Q  A  Ü  G  I  T  U
K  A  H  R  A  M  A  N  C  V  R  S  M  L  I  Z
K  I  S  K  A  N  Ç  L  I  K  V  Ü  T  I  K  E
N  U  M  U  N  E  V  A  C  Q  V  E  L  Ş  A  A
Ö  L  Ü  M  S  Ü  Z  L  Ü  K  P  K  T  Q  M  M
```

NUMUNE
YILDIRIM
GÖK GÜRÜLTÜSÜ
KISKANÇLIK
KAHRAMAN
CENNET
FELAKET
YARATILIŞ
YARATIK
SAVAŞÇI

KÜLTÜR
LABİRENT
EFSANE
BÜYÜLÜ
CANAVAR
INTIKAM
KUVVET
ÖLÜMLÜ
ÖLÜMSÜZLÜK
DAVRANIŞ

21 - Kraft und Schwerkraft

```
I  S  N  Q  R  A  O  Ç  B  Z  B  N  P  S  R  N
R  F  D  R  I  O  D  İ  N  A  M  İ  K  Ü  B  L
K  V  F  M  T  V  M  Y  M  I  O  A  S  R  C  M
Z  J  K  E  E  G  E  U  Ö  P  S  C  K  T  M  L
D  D  M  O  F  M  K  H  G  R  E  A  F  Ü  E  T
R  Y  Y  E  G  A  M  D  S  Ü  M  B  N  R  B
E  M  E  L  Ş  I  N  E  G  T  D  N  E  M  K  B
L  N  H  Y  E  H  İ  S  Q  P  H  Q  G  E  E  O
N  E  S  K  E  Y  K  A  U  G  L  N  N  E  Z  P
E  N  B  R  H  O  C  F  I  Ş  E  K  A  Q  Q  E
G  J  B  D  R  Q  L  E  S  N  E  R  V  E  S  O
E  E  K  M  A  N  Y  E  T  İ  Z  M  A  K  G  B
Z  İ  E  D  R  Y  K  I  L  R  I  Ğ  A  O  G
E  Ö  Z  E  L  L  İ  K  L  E  R  D  H  A  A  G
G  C  İ  P  O  Q  C  Z  A  M  A  N  Z  C  Q  Y
E  H  F  C  Y  V  N  P  Y  S  M  Y  S  B  H  P
```

MESAFE	AĞIRLIK
EKSEN	MANYETİZMA
MERKEZ	MEKANİK
BASINÇ	YÖRÜNGE
DİNAMİK	FİZİK
ÖZELLİKLER	GEZEGENLER
KEŞIF	SÜRTÜNME
GENİŞLEME	EVRENSEL
HIZ	ZAMAN

22 - Restaurant #2

```
D A M C M Y V R K I Ş A K E D J
Y F D C J M A L V L Q T M R A G
Z C T P E R I V M T O U H İ M A
R B R K P E M E Z E K B A Ş H B
S A N D A L Y E L Z E G S T G N
P Z U A I E Y A Y Z K G A E N E
B G E J F Z T E F E A U L M I J
H A G Z U B Ç Q E L A T A Ç Y Y
E T L R H E Y O Y B I T T B N M
H R D I T S E E R K I M A A I T
R U S O K G M G M B B U Z H U U
J M M E Y V E J A T A C I A A Z
T U B V Q L L I L R B B H R B N
D Y K F D H F K H B S J U A Y E
D O R I L S F M I J Q O E T U I
Q H K F G Y C H I T R R N Q B P
```

YUMURTA

BUZ

BALIK

MEYVE

ÇATAL

SEBZELER

BAHARAT

GARSON

LEZZETLI

KEK

KAŞIK

ERİŞTE

SALATA

TUZ

SANDALYE

ÇORBA

MEZE

SU

23 - Schokolade

```
O  G  F  K  K  N  S  O  L  V  O  K  P  K  A  T
G  Z  J  İ  C  A  M  O  R  A  T  A  R  A  G  S
J  T  U  T  G  D  K  E  M  E  Y  R  N  L  O  T
Ö  T  M  O  G  İ  F  A  A  G  D  A  G  I  I  A
U  Z  P  Z  C  S  M  A  O  T  T  M  I  T  T  U
T  B  L  G  G  K  E  Q  V  C  B  E  E  E  R  L
M  F  C  E  L  O  E  P  B  O  M  L  P  O  R  L
M  Y  Z  M  M  İ  F  O  O  M  R  E  K  E  Ş  F
L  I  K  M  Y  T  K  E  J  P  V  I  N  H  V  R
S  E  A  G  F  N  L  E  Z  Z  E  T  L  I  B  J
B  G  L  S  L  A  L  E  Z  Z  E  T  P  I  S  I
Y  H  O  T  O  Z  I  Ç  E  R  I  K  J  J  T  D
V  O  R  H  E  B  V  V  T  I  Q  V  E  O  A  S
F  J  İ  U  S  A  K  U  O  J  V  V  J  U  T  U
I  I  D  E  D  E  Q  C  Z  A  N  A  A  T  L  I
Q  S  O  N  Z  J  G  M  P  O  M  B  O  O  I  R
```

ANTİOKSİDAN
AROMA
ACI
YEMEK
EGZOTIK
FAVORI
LEZZET
ZANAAT
KAKAO

KALORİ
KARAMEL
LEZZETLI
TOZ
KALITE
TATLI
ÖZLEM
ŞEKER
IÇERIK

24 - Boote

```
Y E L K E N L İ S B M R L K L H
J J Y N Q Z U P P Z Ü R F J Y M
S A L O U P D L K E R İ D D L C
P O I D L İ C Z İ N E D L U D Y
L Y H F M D Y C K S T A Y Y A E
O G A E J C H F V G T G U K L M
D Q E R N E A C R Y E E Ö İ G F
B D G İ I L S E T H B Y J L A E
E V Y B Z D U Z A P A Ç S İ L G
G H S O B O N A K Q T K Q C A S
D C Y T Y Q A A D E N I Z Z R U
D E N İ Z A Y V M R K R A İ P D
H N I C K S K F G A I Y O N Z L
I N E H I R O T O M Ş I Z E D M
I P N J T U Y R A J D E A D O J
C L S I S A G Q M A O D O V K A
```

ÇAPA
ŞAMANDIRA
MÜRETTEBAT
DOK
FERİBOT
SAL
NEHIR
KANO
DENİZCİLİK
DİREK

DENIZ
MOTOR
DENİZ
OKYANUS
GÖL
DENİZCİ
YELKENLİ
IP
DALGALAR
YAT

25 - Stadt

```
D Y S Ü P E R M A R K E T S T H
E T M G Q N K İ T A P Ç I İ E A
Z K P E N A H P Ü T Ü K K N K V
R C G L Y Z V N B K U J E E O A
O K S A I C R N D İ L F E M O L
I O A G B E M R U S R A Z A P İ
L H I K F J S E J J M E R K M M
J İ I M G F F S L G I L N D A
J J Ç H F O R T A Y İ T U A L N
N U O K U L D O L E T O L B G I
P Z V J E L Y R O K L İ N İ K M
M Ü Z E U Ç A A N I R I F D I M
R J H A R T İ N K H C F H Q C O
Y A M Z L P H Ç J Q T N Y N L I
C Z K J H D C T S T A D Y U M U
K Y I Ü N I V E R S I T E C H N
```

ECZANE	KLİNİK
BANKA	PAZAR
FIRIN	MÜZE
KÜTÜPHANE	RESTORAN
ÇİÇEKÇİ	SALON
KİTAPÇI	OKUL
HAVALİMANI	STADYUM
GALERİ	SÜPERMARKET
OTEL	TİYATRO
SİNEMA	ÜNIVERSITE

26 - Aktivitäten

```
A  I  P  F  N  F  R  A  L  N  U  Y  O  N  Y  F
Q  E  R  Q  Q  E  A  B  C  A  F  A  L  P  Ü  O
L  T  O  J  B  J  H  R  M  I  P  Y  B  V  R  T
J  Q  M  R  L  R  A  B  O  Ş  L  B  D  M  Ü  O
F  K  K  R  V  I  T  A  V  C  I  L  I  K  Y  Ğ
B  D  B  E  A  H  L  I  G  Q  S  M  D  D  Ü  R
N  A  Ö  R  M  E  A  E  D  S  J  T  A  B  Ş  A
N  Z  L  R  M  B  M  D  I  İ  Y  I  N  O  A  F
U  Q  G  I  B  F  A  Z  D  D  K  K  S  Y  M  Ç
O  T  U  H  K  E  Z  E  V  K  V  İ  D  A  N  I
S  T  P  I  K  Ç  C  M  G  K  S  M  Ş  M  E  L
P  H  O  S  M  E  I  E  I  K  T  A  N  A  S  I
G  M  B  A  A  O  Q  L  R  V  L  R  H  M  Q  K
E  B  M  M  Q  G  N  Z  I  I  L  E  M  U  B  K
U  J  Y  C  O  T  E  P  Y  K  O  S  B  K  M  L
B  A  H  Ç  I  V  A  N  L  I  K  B  D  O  R  U
```

BALIKÇILIK	SANAT
RAHATLAMA	OKUMA
BECERI	SIHIR
FOTOĞRAFÇILIK	DİKİŞ
BOŞ	OYUNLAR
BAHÇIVANLIK	ÖRME
BOYAMA	DANS
AVCILIK	ZEVK
SERAMİK	YÜRÜYÜŞ

27 - Bienen

```
S  Ü  R  Ü  Ç  I  R  O  V  G  Y  B  M  F  E  A
C  V  I  U  N  E  L  O  P  H  N  D  U  N  T  G
Ç  E  T  E  A  Ç  Ş  M  E  R  A  K  E  M  E  I
A  İ  P  V  M  H  E  I  C  I  Y  A  L  Z  O  T
Z  K  Ç  Y  U  A  N  A  T  S  H  S  T  N  J  K
Y  T  B  E  D  B  Ü  P  I  L  A  D  Y  A  F  A
D  D  E  M  K  S  G  H  U  A  I  Q  R  V  U  N
Ç  İ  Ç  E  K  L  M  E  B  B  G  L  U  O  J  A
D  E  O  J  Z  E  E  V  B  S  Z  O  I  K  R  T
E  J  T  A  Q  G  T  R  Q  İ  U  J  G  K  D  L
Z  Z  D  D  O  I  S  B  O  D  T  T  O  F  F  A
G  Y  R  G  P  R  İ  B  T  V  O  K  D  J  D  R
H  Z  R  I  H  Y  S  Ö  B  M  C  A  İ  A  Y  C
R  Y  D  D  D  C  O  C  E  T  P  D  T  L  Y  T
U  D  U  A  Y  F  K  E  Ç  I  L  A  R  K  E  H
Z  Y  G  Q  C  C  E  K  B  A  L  M  U  M  U  R
```

TOZLAYICI	KRALIÇE
KOVAN	EKOSİSTEM
ÇİÇEKLER	BİTKİLER
ÇİÇEK	POLEN
GIDA	DUMAN
KANATLAR	SÜRÜ
MEYVE	GÜNEŞ
BAHÇE	ÇEŞİTLILIK
BAL	FAYDALI
BÖCEK	BALMUMU

28 - Wissenschaftliche Disziplinen

```
Z  O  O  L  O  J  İ  J  İ  Q  C  Z  K  A  J  Z
V  A  L  P  S  K  V  T  J  H  J  J  F  N  H  I
Z  K  K  D  İ  J  O  L  O  Y  Z  İ  F  A  K  J
C  E  Y  C  B  G  N  L  J  Z  U  I  T  B  R
U  T  T  K  İ  J  O  L  O  E  K  R  A  O  İ  S
Q  Q  B  I  J  T  T  U  K  O  K  E  O  M  Y  O
A  S  T  R  O  N  O  M  İ  L  I  L  B  İ  O  S
A  M  T  J  L  H  Y  A  S  O  M  Q  O  B  K  Y
T  Q  H  H  A  H  N  I  P  J  Y  H  T  İ  İ  O
M  A  Y  D  R  T  I  L  C  İ  A  K  A  Y  M  L
T  Q  N  F  E  M  E  K  A  N  İ  K  N  O  Y  O
İ  M  M  Ü  N  O  L  O  J  İ  O  D  İ  L  A  J
T  V  K  Z  İ  J  O  L  O  R  Ö  N  K  O  M  İ
S  J  Q  P  M  İ  L  İ  B  L  İ  D  S  J  U  A
E  K  O  L  O  J  İ  T  S  P  M  T  A  İ  R  Z
K  İ  N  E  S  İ  Y  O  L  O  J  İ  O  G  T  R
```

ANATOMİ	DİLBİLİM
ARKEOLOJİ	MEKANİK
ASTRONOMİ	MİNERALOJİ
BİYOKİMYA	NÖROLOJİ
BİYOLOJİ	EKOLOJİ
BOTANİK	FİZYOLOJİ
KIMYA	PSİKOLOJİ
JEOLOJİ	SOSYOLOJİ
İMMÜNOLOJİ	ZOOLOJİ
KİNESİYOLOJİ	

29 - Vögel

```
Y  C  U  C  N  P  I  D  U  M  U  N  U  P  K  I
U  A  K  T  N  C  I  K  D  B  Q  B  A  E  A  S
M  R  D  K  I  B  S  Q  C  Q  P  V  K  N  R  M
U  Z  M  E  Z  T  N  İ  C  R  E  V  Ü  G  T  E
R  Z  K  L  L  Q  V  K  U  V  A  T  H  U  A  U
T  J  G  U  G  U  K  N  U  G  Z  U  K  E  L  F
A  B  A  Y  K  U  Ş  V  E  Ğ  U  M  E  N  R  L
J  M  A  O  O  V  K  U  L  P  U  Z  D  A  C  A
Q  S  B  H  Z  Y  H  G  E  R  E  V  R  P  G  M
B  A  L  I  K  Ç  I  L  Y  A  Ç  L  Ö  T  N  İ
L  F  U  K  T  I  C  I  L  G  R  O  İ  P  A  N
O  E  B  M  J  R  T  V  E  M  E  L  U  K  Ğ  G
K  A  R  G  A  Q  A  C  K  E  S  K  A  Z  A  O
J  T  Z  L  F  Z  P  M  O  Y  Q  D  V  S  P  N
R  O  M  M  E  T  U  P  T  O  H  S  U  V  A  T
D  Q  P  Q  K  N  S  V  H  O  H  J  C  Y  P  F
```

KARTAL	PAPAĞAN
YUMURTA	PELİKAN
ÖRDEK	TAVUS
BAYKUŞ	PENGUEN
FLAMİNGO	KUZGUN
KAZ	BALIKÇIL
TAVUK	KUĞU
KARGA	SERÇE
GUGUK	LEYLEK
MARTI	GÜVERCİN

30 - Biologie

```
H A E V E L J E M K D I Q J D V
S O I A Q P S N E R O R F G Y B
İ K R I N I S Z M O Z T E Z U H
N F E M E Z S İ E M M Z E G N M
A O L M O M F M L O O K U C P V
P T İ B P N B E İ Z S P Z Z G I
S O K O E E İ R L O D E V R I M
Y S T L V J A E İ M O T A N A Q
O E İ M C A H R T Y I T Y O P E
C N B C L L P C U O O A I R V Q
C T L A Ğ O D Ü J G R A F Ö F M
H E U H R K T H C K F P K N K B
D Z S Y M B İ O S İ S R Q E G A
O S Ü R Ü N G E N O Y S A T U M
T V V R L N J V L S T T I N Q D
Z N B G T A U U E O L T C A I A
```

ANATOMİ	NÖRON
KROMOZOM	OZMOS
EMBRİYO	BİTKİLER
ENZİM	FOTOSENTEZ
EVRIM	PROTEİN
HORMON	SÜRÜNGEN
KOLAJEN	MEMELİ
MUTASYON	SYMBIOSIS
DOĞAL	SİNAPS
SINIR	HÜCRE

31 - Garten

```
Q Q P Q Z G M H M Y B A H T A A
H V H G N R V A A I N K T R Ğ M
F B Y I A L D M G R N Z E A A P
R T I R M I K A Q A T E R M Ç T
A E V L E C N K N U R S A B Z F
G L R M A H A A I R D A S O M H
A Ö Y J O Ç B R P V K T J L L S
B G Ç I Ç E K P G Z E Y J İ S E
B A H Ç E A Q O N P R R N C V
Ç I M E N M L T C T Ü K A Y U F
L C U V M K Z V R Z K K P N T T
N Q T L Q O T L A R A A U O D J
M Q R J Z T L Z E K V U H N T A
E U O P S Z B I M Ç I T A U K C
L P H V A Y Q E D D E Y E C U D
U A V R S Q G Y Y C U F K S A J
```

BANK	TIRMIK
AĞAÇ	KÜREK
ÇIÇEK	HORTUM
TOPRAK	GÖLET
ÇALI	TERAS
GARAJ	TRAMBOLİN
BAHÇE	OTLAR
ÇIMEN	VERANDA
HAMAK	ÇIT

32 - Antarktis

```
F  G  I  L  G  D  E  C  B  O  D  U  I  Y  F  O
A  R  A  Ş  T  I  R  M  A  C  I  K  E  A  S  P
V  A  K  C  K  Z  V  N  N  A  N  O  P  R  O  R
A  L  I  A  O  H  E  V  O  O  R  Y  F  I  G  C
H  L  L  M  Y  Ğ  Ç  P  C  M  A  B  Y  M  M  R
B  U  K  İ  Z  A  R  E  L  O  L  L  D  A  Q  C
I  Z  A  N  R  T  L  A  L  Q  Ş  H  O  D  O  P
L  U  C  E  C  I  O  I  F  B  U  Z  N  A  Y  F
I  B  I  R  D  K  C  P  K  Y  K  O  R  U  M  A
M  I  S  A  G  Q  H  F  O  F  A  D  Z  S  J  F
S  J  Z  L  L  B  P  D  F  Ğ  S  E  F  E  R  F
E  T  N  L  Q  C  E  O  K  M  R  V  Q  Q  F  M
L  L  U  E  I  P  P  D  J  O  H  A  N  G  N  O
K  G  E  R  A  L  R  A  G  Z  Ü  R  F  T  A  G
P  I  L  H  T  F  Z  U  Y  O  I  O  D  Y  G  Ö
V  B  N  V  Z  Y  Q  A  G  E  R  Q  K  Y  A  Ç
```

KOY	GÖÇ
BUZ	MİNERALLER
KORUMA	SICAKLIK
SEFER	TOPOĞRAFYA
KAYALIK	ÇEVRE
ARAŞTIRMACI	KUŞLAR
COĞRAFYA	SU
BUZULLAR	HAVA
YARIMADA	RÜZGARLAR
KITA	BILIMSEL

33 - Fahren

```
P  T  H  J  M  F  Q  C  E  F  G  D  İ  J  P  F
M  İ  E  A  Z  A  K  Y  M  O  A  F  C  Q  O  C
T  K  G  H  R  F  N  İ  N  O  Y  M  A  K  L  Z
R  A  İ  T  L  İ  G  A  İ  J  F  E  R  O  İ  Z
A  Y  P  V  H  I  T  I  Y  O  A  M  L  L  S  J
F  Z  B  K  O  H  K  A  E  U  O  V  M  C  Ü  L
İ  L  D  I  O  J  R  E  T  A  K  K  I  D  B  U
K  G  G  L  İ  F  T  E  L  K  İ  S  O  T  O  M
H  A  N  I  I  N  S  G  T  V  T  N  F  Y  T  H
U  Y  R  C  J  U  Q  A  L  E  Ü  A  R  Y  O  P
O  Q  I  A  E  G  A  R  A  J  N  S  E  R  G  C
D  C  M  M  B  Q  M  H  I  Z  E  İ  N  T  A  Y
G  U  E  İ  N  A  O  Q  E  S  L  L  L  F  Z  B
Q  G  A  Ş  C  V  T  I  J  Q  S  E  E  U  I  Y
V  C  F  A  N  K  O  I  R  Y  J  S  R  I  S  R
M  D  B  T  A  P  R  Z  D  H  U  K  B  R  M  V
```

ARABA	KAMYON
FRENLER	MOTOR
YAKIT	MOTOSİKLET
OTOBÜS	POLİS
GARAJ	EMNİYET
GAZ	TAŞIMACILIK
TEHLIKE	TÜNEL
HIZ	KAZA
HARİTA	TRAFİK
LİSANS	DIKKAT

34 - Physik

```
A R N K M Z T M Y D F G V Q F Y
A T O M O E V R E N S E L L J Y
S F V P T H F S G T M F R C U E
P A F F O I I R K I M Y A S A L
A S G S R H I Z Q T H E L M R E
R Z M Ö D D F Q L H I N R A P L
T P O H R C B K V A Z E H N F E
İ M L G R E E L K Ü N D N Y O K
K E E J H V L Y U T E M Q E R T
Ü K K H T B K I O J O E A T M R
L A Ü V E S I Q L Ğ K I U İ Ü O
A N L R K P T J C I U T K Z L N
A İ Y G K I L K I S K N E M I F
E K A A S Y E K A O S U L A H Y
D T Z Z V N O K B B M T T U V M
R D U Z C S K G U C R S F A K V
```

ATOM	HIZ
HIZLANMA	MANYETİZMA
KAOS	KITLE
KIMYASAL	MEKANİK
YOĞUNLUK	MOLEKÜL
ELEKTRON	MOTOR
DENEY	NÜKLEER
FORMÜL	PARTİKÜL
SIKLIK	GÖRELILIK
GAZ	EVRENSEL

35 - Bücher

```
H  I  S  A  Y  F  A  G  D  V  Q  C  Q  L  Q  Q
U  N  K  O  L  E  K  S  I  Y  O  N  K  C  L  A
M  A  C  E  R  A  U  I  J  K  M  G  U  K  Y  H
M  E  S  O  Z  O  T  P  C  Z  O  P  U  İ  R  P
A  H  K  D  T  E  F  J  L  Z  N  L  U  L  Z  M
L  N  A  T  S  E  D  D  L  O  U  M  L  G  Z  H
Ğ  A  L  P  B  O  F  E  T  Y  K  İ  L  İ  K  İ
A  M  D  A  Ş  I  I  R  B  I  E  U  P  L  J  R
B  O  I  F  T  H  A  M  O  Î  Y  Y  Y  İ  E  A
R  R  Z  K  B  I  C  I  T  A  R  A  Y  U  P  T
R  M  I  İ  Y  G  C  E  E  F  Z  Z  C  Ö  C  P
V  N  C  J  F  T  U  I  L  I  Z  A  Y  Y  T  U
M  İ  Z  A  H  İ  M  N  C  M  H  R  M  K  J  O
H  U  O  R  I  E  Y  Y  O  M  L  A  P  Ü  H  O
J  D  H  T  N  Q  C  S  J  E  T  J  E  J  J  C
K  O  A  S  P  N  L  E  P  B  Q  Z  F  B  S  T
```

MACERA	KOLEKSIYON
YAZAR	BAĞLAM
İKİLİK	OKUYUCU
DESTAN	EDEBÎ
YARATICI	ŞIIR
ANLATICI	İLGİLİ
ÖYKÜ	ROMAN
YAZILI	SAYFA
TARİH	DIZI
MİZAHİ	TRAJİK

36 - Menschlicher Körper

```
M  C  T  J  L  N  B  I  D  B  H  J  B  G  O  K
I  I  S  G  L  U  A  G  I  O  N  Z  D  N  M  K
D  L  H  L  P  R  Ş  K  R  Y  H  E  Y  M  U  U
E  T  G  B  N  U  D  A  S  U  C  J  L  R  Z  L
D  K  U  Q  Q  B  J  C  E  N  I  Y  E  B  Ü  A
I  R  O  S  B  K  J  A  K  U  L  M  A  T  Y  K
Z  C  M  V  E  R  S  B  K  A  T  R  Ğ  P  Z  E
A  Y  A  K  B  I  L  E  Ğ  I  M  V  I  S  I  A
Q  N  B  U  J  F  I  F  G  N  G  R  Z  T  F  V
E  N  S  K  T  V  D  S  U  N  M  V  A  B  Y  U
R  V  F  K  F  A  A  Y  B  I  R  Q  P  P  Y  Q
S  U  Y  A  P  B  J  M  Z  L  V  A  M  P  S  D
E  R  T  L  I  T  R  H  I  T  K  C  F  I  F  Q
T  F  F  P  S  Y  H  J  Z  A  R  L  B  O  U  C
F  H  Q  K  R  Q  Z  O  E  I  I  T  E  M  C  T
Ç  E  N  E  O  A  D  K  M  N  J  A  F  P  D  T
```

BACAK	ÇENE
KAN	DIZ
DIRSEK	AYAK BILEĞI
PARMAK	BAŞ
BEYIN	MIDE
YÜZ	AĞIZ
BOYUN	BURUN
EL	KULAK
CILT	OMUZ
KALP	DIL

37 - Agronomie

```
O  C  B  R  P  H  I  K  Y  A  H  R  O  C  C  A
R  S  A  T  Z  I  K  I  E  R  A  R  G  F  T  N
G  E  N  O  Y  Z  O  R  E  A  S  R  H  H  Y  K
A  B  G  H  Y  H  B  L  R  Ş  T  P  Q  D  G  A
N  Z  S  P  M  I  L  I  B  T  A  S  T  H  J  N
İ  E  U  B  K  Y  A  L  Ü  İ  L  N  T  P  K  B
K  L  D  R  O  A  D  I  G  R  I  T  A  D  B  A
A  E  Y  M  D  G  Ç  K  L  M  K  K  N  H  Ü  E
M  R  V  V  U  A  E  J  A  A  L  C  T  E  Y  N
U  Q  F  O  N  K  V  P  I  F  A  L  M  T  Ü  E
K  E  K  Z  M  I  R  A  T  S  R  R  G  O  M  R
O  D  M  A  G  R  E  L  İ  K  T  İ  B  P  E  J
M  K  Q  D  O  S  E  K  O  L  O  J  İ  R  B  I
G  T  N  P  V  A  D  H  Y  N  V  E  G  A  I  K
Y  A  P  I  M  L  O  U  N  M  Z  R  G  K  C  G
F  D  U  Q  G  Z  V  A  Y  A  G  S  D  R  E  T
```

TOPRAK	ORGANİK
GÜBRE	EKOLOJİ
ENERJI	BİTKİLER
EROZYON	YAPIM
GIDA	OKUMAK
ARAŞTIRMA	ÇEVRE
SEBZELER	KIRLILIK
HASTALIKLAR	BÜYÜME
TARIM	SU
KIRSAL	BILIM

38 - Landschaften

```
N  D  L  Z  R  S  Q  T  D  T  B  B  P  L  A  J
V  O  L  K  A  N  L  G  D  E  U  Q  U  Z  Z  B
Y  K  C  Z  J  R  L  A  F  G  Z  G  V  Z  H  K
Q  E  R  E  Z  Y  A  G  N  N  D  K  Y  E  U  I
M  D  B  R  R  F  B  Ğ  G  O  A  G  O  F  Y  L
T  U  N  D  R  A  Y  A  A  Z  Ğ  M  K  R  T  K
Q  P  I  B  A  Z  I  D  L  M  I  K  Q  Ö  F  A
T  Y  N  K  V  A  H  A  V  U  D  D  O  K  Y  T
G  A  J  O  Q  P  K  F  T  V  A  B  E  I  P  A
Ö  L  J  K  L  V  N  H  E  U  V  J  L  N  R  B
L  Ö  Ç  J  Y  Z  H  C  S  L  B  E  A  O  I  E
A  D  A  Y  A  R  I  M  A  D  A  J  L  K  H  Z
E  Y  Y  Y  D  E  H  N  G  L  H  Y  E  P  E  T
E  M  Q  J  U  J  L  O  K  A  S  T  Ş  B  N  P
L  O  B  S  J  K  B  Z  G  E  F  V  E  Q  J  L
A  Z  V  R  B  V  D  O  D  U  H  P  Q  V  Q  E
```

DAĞ	DENIZ
BUZDAĞI	VAHA
NEHIR	GÖL
GAYZER	PLAJ
BUZUL	BATAKLIK
KÖRFEZ	VADI
YARIMADA	TUNDRA
MAĞARA	VOLKAN
TEPE	ŞELALE
ADA	ÇÖL

39 - Abenteuer

S	O	P	V	U	O	H	H	Y	T	E	S	E	V	E	H
E	L	Y	L	S	G	G	N	E	Q	E	U	M	A	N	N
V	A	E	B	E	Ş	A	N	S	D	J	Q	N	T	U	K
İ	Ğ	N	O	F	K	Q	Y	A	Q	E	D	İ	I	P	S
N	A	I	Z	E	G	E	J	M	M	A	F	Y	E	C	E
Ç	N	J	P	R	R	G	I	M	S	P	L	E	Z	B	Y
D	D	K	C	Z	G	E	L	I	A	O	Y	T	C	E	A
K	I	L	L	E	Z	Ü	G	D	R	P	V	F	P	L	H
C	Ş	N	P	F	A	U	Z	Z	O	R	L	U	K	U	A
C	I	L	E	K	I	L	H	E	T	F	L	N	H	H	T
E	F	V	R	Q	D	D	Y	H	R	H	O	A	F	D	L
S	Ş	A	Ş	I	R	T	I	C	I	G	D	N	I	O	E
A	A	R	K	A	D	A	Ş	L	A	R	A	E	R	Ğ	R
R	H	A	Z	I	R	L	I	K	T	Z	D	H	S	A	S
E	K	B	Q	A	T	T	M	P	C	E	L	U	A	V	B
T	J	B	J	A	T	R	H	O	L	D	H	T	T	N	H

GEZI
HEVES
ŞANS
SEVİNÇ
ARKADAŞLAR
TEHLIKELI
FIRSAT
DOĞA
SEFER
YENI

SEYAHATLER
GÜZERGAH
GÜZELLIK
ZORLUK
EMNİYET
CESARET
OLAĞAN DIŞI
ŞAŞIRTICI
HAZIRLIK
HEDEF

40 - Flugzeuge

```
G D Y U L Y Y A P I Z R K B C M
P D M S V E Ü M V H I Q P D B A
Y Ö N F I G F K E M R İ Ş İ Ş C
G Ö K Y Ü Z Ü J S Y O L C U N E
A T L S V Ş D I B E V L P O J R
T T Y A K I T I C F K O R K T A
A K M C I N O A L A I L A H A B
S Z G O J I İ T A R İ H I V B A
A V O C S N E J O R D İ H K E L
R V K F D F S N A L Ü B R Ü T O
I I K U L Q E A U H İ H O E T N
M E Z C E Z L R N G T P T J E I
P E R V A N E F Y I Y A O F R L
T K L S P D V D J B L A M J Ü P
H A V A Q U U T F Q Y E Y P M J
G G C C T V J M E O U U Z I M K
```

MACERA
INIŞ
ATMOSFER
ŞİŞİRMEK
BALON
YAKIT
MÜRETTEBAT
TASARIM
TARIH
GÖKYÜZÜ

YÜKSEKLIK
YAPI
HAVA
MOTOR
YOLCU
PİLOT
PERVANE
YÖN
TÜRBÜLANS
HİDROJEN

41 - Haartypen

```
O  S  İ  Y  A  H  K  U  R  U  P  E  G  E  A  Z
İ  B  L  Y  U  M  U  Ş  A  K  Q  A  V  R  H  Ö
M  H  A  D  I  U  O  Z  L  T  P  V  R  İ  G  R
T  K  G  T  L  G  Ö  U  Z  U  N  H  P  L  M  G
K  H  L  E  K  I  C  R  I  V  I  K  J  K  A  Ü
R  B  A  N  İ  A  F  Q  G  R  B  E  V  N  O  K
Y  F  D  J  L  F  P  O  I  Ü  L  H  Q  E  A  D
P  F  V  G  Ğ  K  A  L  I  N  L  Q  G  R  Y  H
T  O  C  Z  A  V  T  U  Z  G  T  Ü  K  D  T  Q
M  G  R  İ  S  F  M  B  E  Y  A  Z  I  E  K  L
I  O  K  A  H  V  E  R  E  N  G  I  S  B  Q  J
S  A  R  I  Ş  I  N  S  K  V  M  U  A  K  R  U
G  N  D  O  A  Ü  T  O  V  Q  H  B  O  N  J  D
A  A  G  H  G  R  M  U  T  D  O  Z  L  T  Q  L
E  F  U  F  M  B  U  Ü  E  M  T  R  Y  O  G  Q
S  L  R  D  T  E  C  S  G  I  N  C  E  D  Y  E
```

SARIŞIN	KISA
KAHVERENGI	UZUN
KALIN	KIVIRCIK
INCE	SIYAH
RENKLİ	GÜMÜŞ
ÖRGÜLÜ	KURU
SAĞLIKLI	YUMUŞAK
PARLAK	BEYAZ
GRİ	DALGALI
KEL	ÖRGÜ

42 - Essen #1

```
R  M  I  T  L  J  Q  H  Ş  E  K  E  R  J  L  G
K  L  J  M  M  A  N  J  A  Z  U  T  D  V  R  F
S  A  L  A  T  A  O  Q  M  V  Y  G  E  S  U  K
K  R  S  A  E  Ç  İ  L  E  K  U  C  K  E  E  H
A  Y  Z  V  E  H  Z  G  H  S  Ç  D  G  U  K
N  A  Ğ  O  S  V  T  N  P  B  E  I  O  G  B  C
A  R  M  U  T  O  P  R  L  H  V  L  F  V  V  K
P  B  Z  H  O  U  A  M  K  G  Y  T  I  S  E  O
S  A  N  S  Ü  T  A  A  P  M  E  B  S  D  D  B
I  L  D  Z  H  K  L  J  S  K  M  P  T  V  N  B
N  I  Ç  R  A  T  Ş  S  Z  F  A  S  I  L  N  N
K  K  A  S  M  I  R  A  S  D  U  H  K  D  B  S
T  M  P  R  E  D  G  O  L  O  L  Y  V  Z  G  I
D  P  U  O  L  İ  M  O  N  G  Q  G  O  E  P  I
F  E  S  L  E  Ğ  E  N  E  O  A  B  R  O  Ç  C
C  V  L  Q  Z  A  Y  S  J  P  U  M  Q  K  O  D
```

FESLEĞEN	MEYVE SUYU
ARMUT	SALATA
ÇİLEK	TUZ
FISTIK	ISPANAK
ET	ÇORBA
KAHVE	BALIK
HAVUÇ	TARÇIN
SARIMSAK	LİMON
SÜT	ŞEKER
ŞALGAM	SOĞAN

43 - Ethik

```
F Q U K I L R E S M I Y I L B D
D P F I V T V I P M A K U L I İ
B K Ü L T S Ü R Ü D H Ü F R L P
K İ I I T Y O I R M O L E Y G L
L J R C O J F T J N B N L D E O
M K T E M A H R E M S Ü S Z L M
I L I G Y A S S R L A T E N I A
Y B O Z S C U G P I O Ü F E K T
I U C Ö Q B İ S R Q B B E D S İ
B I G S A M E L T E K A Z E N K
İ N S A N L I K İ U E V S Ğ A Q
İ Ş B İ R L İ Ğ İ K M P J E R V
B J J K U K İ L Ç K E Ç R E G
R A S Y O N A L I T E V P L L C
U V G Y C F B O H Q Z C G E O V
T P S L O H A Y S I Y E T R T L
```

ÖZGECILIK	FELSEFE
DİPLOMATİK	RASYONALITE
DÜRÜSTLÜK	GERÇEKÇİLİK
NEZAKET	SAYGILI
SABIR	TOLERANS
BİREYCİLİK	MAKUL
BÜTÜNLÜK	BILGELIK
İNSANLIK	DEĞERLER
MERHAMET	HAYSIYET
IYIMSERLIK	İŞBİRLİĞİ

44 - Gebäude

```
Y  K  B  A  I  U  O  S  S  N  N  R  G  I  V  Ü
K  A  J  U  B  V  T  Ü  T  T  K  I  C  Z  O  N
M  B  T  Y  A  L  E  P  A  K  I  R  B  A  F  I
A  İ  V  C  F  R  L  E  D  İ  L  I  İ  H  H  V
L  N  H  B  M  H  K  R  Y  L  T  H  T  Q  F  E
D  O  A  V  L  A  H  M  U  İ  F  A  R  J  P  R
R  I  D  A  Ç  S  Z  A  M  Ç  I  O  A  R  M  S
J  A  K  L  H  T  B  R  E  L  Ç  R  V  P  I  I
P  T  S  M  B  A  Y  K  M  E  M  F  U  B  G  T
D  A  O  A  Z  N  F  E  U  N  P  G  T  A  Y  E
K  M  N  M  T  E  L  T  Q  H  E  D  A  C  R  P
U  Ü  Z  S  O  H  G  T  İ  Y  A  T  R  O  G  U
L  Z  U  M  İ  N  A  A  R  L  F  P  O  K  U  L
E  E  D  V  H  Y  J  N  R  T  H  S  B  T  S  A
S  İ  N  E  M  A  O  N  E  A  U  E  A  T  K  T
T  D  S  C  N  F  D  N  U  M  J  O  L  Q  V  I
```

ÇIFTLIK	MÜZE
ELÇİLİK	RASATHANE
FABRIKA	AHIR
GARAJ	OKUL
PANSİYON	STADYUM
OTEL	SÜPERMARKET
KABİN	TİYATRO
SİNEMA	KULE
HASTANE	ÜNIVERSITE
LABORATUVAR	ÇADIR

45 - Essen #2

```
P C D R Z K G G E N P Q J R E N
K I T D C Z Z İ L O K O R B Z B
C J R I N Y E P M C P M U Z F D
H A U I O Y Q Y A D Ğ U B B C O
D R Ğ G N A C I L T A P A R H M
I K O U O Ç K U Ş K O N M A Z A
E Y Y E B E Z H G I F Y E T B T
J A O K M I K T Q L I U D N O E
I M V G A C J M A A S M A A O S
U A V D J K M F E B E U B M S L
H G D J G L U P Y K D R V R N K
K E R E V İ Z Y R T S T G F R I
R E L Ç İ K O L A T A A T M C R
R N J R P E N G İ N A R N H L A
Z H K Y M R T O U Z L P I Z T Z
J G G S Q T B N N U V T M S G P
```

ELMA	KIRAZ
ENGİNAR	BADEM
PATLICAN	MANTAR
MUZ	PIRINÇ
BROKOLİ	JAMBON
EKMEK	ÇİKOLATA
YUMURTA	KEREVİZ
BALIK	KUŞKONMAZ
YOĞURT	DOMATES
PEYNIR	BUĞDAY

46 - Energie

```
B  Ş  Z  B  H  V  T  O  Y  E  Z  T  I  K  C  K
R  E  E  L  K  Ü  N  F  A  F  O  K  R  A  H  I
Y  N  N  S  M  P  G  K  E  G  P  J  G  R  İ  R
E  Ü  C  Z  S  D  A  D  V  Q  A  E  B  B  D  L
N  G  T  N  İ  E  N  D  Ü  S  T  R  I  O  R  I
İ  L  Z  Q  N  N  J  R  T  T  P  I  N  N  O  L
L  I  S  I  R  Ü  Z  G  A  R  Ü  O  U  T  J  I
E  İ  E  E  Q  D  B  P  Ç  Z  U  R  R  N  E  K
N  D  P  I  B  M  O  A  E  F  L  D  B  Y  N  G
E  H  N  G  I  M  D  V  V  O  Y  S  U  İ  F  J
B  S  Q  A  D  I  K  İ  R  T  K  E  L  E  N  P
İ  P  C  K  R  R  N  F  E  E  N  T  R  O  P  İ
L  S  V  N  O  E  L  E  K  T  R  O  N  P  F  J
İ  T  R  E  T  I  K  A  Y  L  H  K  G  Y  C  U
R  M  A  Z  O  T  A  T  T  F  F  O  Z  U  A  P
Z  M  A  V  M  F  O  T  O  N  O  A  L  F  G  S
```

PIL	KARBON
BENZİN	MOTOR
YAKIT	NÜKLEER
MAZOT	FOTON
ELEKTRİK	GÜNEŞ
ELEKTRON	TÜRBİN
ENTROPİ	ÇEVRE
YENİLENEBİLİR	KIRLILIK
ISI	HİDROJEN
ENDÜSTRI	RÜZGAR

47 - Familie

```
A C O K B N V D R A L K U C O Ç
C N U R O T E K U S I I A A E I
M D N E Z U K P S C I Z Z J R U
A E Ş E D R A K Z I K E A E K Y
U H R Z G E Ç O C U K V I Ç E K
L Y M K S D N B T V Q L B O K J
N E Z Y E T Q N Q J D A C C K O
Y Ğ H H O K M B A B A T B U A K
F E B S T L Y C S K V T A K R P
V N F U K Q E E E C Ü K T L D J
İ K İ Z L E R D Ğ H A Y A U E P
B Ü Y Ü K B A B A E C J Ü K Ş T
B E Z N M U P U Q C N A D B F I
P G H F H T B Y D B Z E I D T B
K S D O C Q K A D I N E Ş M F G
V R R Q N V P M Y P F P L K Z B
```

ERKEK KARDEŞ	ERKEK YEĞEN
KADIN EŞ	YEĞEN
KOCA	AMCA
TORUN	KIZ KARDEŞ
BÜYÜKANNE	TEYZE
BÜYÜK BABA	KIZ EVLAT
ÇOCUK	BABA
ÇOCUKLAR	KUZEN
ÇOCUKLUK	ATA
ANNE	İKİZLER

48 - Pflanzen

```
Y  P  P  C  S  M  U  B  M  A  B  A  K  D  Q  F
A  D  K  C  C  M  O  İ  Ç  A  L  I  Ğ  G  Z  L
P  R  Z  B  S  B  T  T  K  D  G  M  L  A  A  O
R  S  U  Q  K  S  D  K  C  I  K  O  E  C  Ç  R
A  Ç  B  N  Q  M  I  İ  O  J  F  R  Y  Q  K  A
K  I  Y  V  R  D  H  Ö  Y  E  Ş  İ  L  L  İ  K
E  M  M  M  L  Q  B  R  L  R  Ç  I  U  Z  K  U
R  E  U  G  P  C  C  T  T  B  Q  H  S  J  I  G
L  N  G  J  N  T  K  Ü  S  Ü  Y  S  A  F  O  Z
F  B  R  Z  E  F  Q  S  A  G  J  S  F  B  R  D
J  B  V  D  U  P  D  Ü  R  B  K  N  I  T  K  Y
H  Y  D  B  O  L  U  R  M  Y  L  P  K  B  A  Z
Y  Z  J  I  P  T  T  Q  A  Ç  I  Ç  E  K  K  Q
B  O  T  A  N  İ  K  M  Ş  O  R  M  A  N  T  K
L  J  Q  R  Y  I  R  A  I  F  H  M  M  U  Ü  Ö
P  O  B  O  P  D  D  A  K  Y  O  S  U  N  S  K
```

BAMBU	FLORA
AĞAÇ	BAHÇE
DUT	ÇİMEN
ÇİÇEK	KAKTÜS
YAPRAK	OT
FASULYE	YEŞİLLİK
BOTANİK	YOSUN
ÇALI	BİTKİ ÖRTÜSÜ
GÜBRE	ORMAN
SARMAŞIK	KÖK

49 - Gewürze

```
O  S  K  L  R  F  L  G  S  K  P  I  R  G  K  T
L  R  H  I  L  T  A  T  N  N  A  R  F  A  S  U
Y  P  Z  F  R  E  R  R  S  Y  T  K  V  D  C  Z
K  S  T  E  S  M  B  E  B  Z  D  N  U  Q  J  M
B  Y  I  C  A  N  I  Ç  R  A  T  P  A  L  S  U
A  Z  Ş  N  R  K  V  Z  İ  V  E  C  N  Y  E  P
Q  K  K  E  I  J  A  R  I  M  P  M  A  Q  K  U
S  Ö  E  Z  M  S  Y  R  E  B  I  B  S  B  E  M
Y  R  Y  G  S  G  L  B  A  E  İ  Q  O  S  S  O
I  İ  T  V  A  A  İ  O  T  N  P  B  N  R  L  C
R  V  V  J  K  Y  N  I  B  A  F  R  E  Y  I  Z
R  E  Z  E  N  E  A  A  T  Y  A  İ  A  R  R  T
L  E  Z  Z  E  T  V  J  I  E  T  Y  L  O  I  C
O  V  T  J  S  O  Ğ  A  N  M  N  B  T  Q  K  R
Z  E  V  Q  I  J  O  B  A  H  F  I  Q  T  A  P
Q  Y  C  R  L  C  D  R  Y  V  L  O  Q  H  D  Z
```

ANASON	KARANFİL
ACI	KIRMIZI BİBER
KÖRİ	BIBER
REZENE	SAFRAN
LEZZET	TUZ
ZENCEFIL	EKŞI
KAKULE	TATLI
SARIMSAK	VANİLYA
MEYAN	TARÇIN
CEVİZ	SOĞAN

50 - Geschäft

```
F  P  Z  T  T  Z  N  I  C  I  T  E  N  Ö  Y  Ç
J  A  R  A  P  F  R  U  N  A  I  B  V  A  A  A
F  R  E  G  Z  V  H  O  A  D  E  M  B  F  M  L
V  A  Y  G  E  L  I  R  K  N  I  T  L  B  A  I
U  B  I  S  U  L  C  G  K  İ  G  R  E  V  L  Ş
Y  İ  R  I  M  G  Q  M  Ü  Z  Q  K  I  L  J  A
A  R  A  B  Ş  N  U  A  D  O  T  O  I  M  V  N
O  İ  K  G  I  V  T  K  D  K  Y  D  U  I  J  T
Y  M  M  G  T  O  E  I  Â  M  T  D  O  R  J  V
L  İ  F  E  A  E  Y  R  K  R  Z  T  G  I  O  F
J  I  U  K  S  Y  I  B  E  Ç  T  Ü  B  T  T  A
F  E  I  L  İ  D  L  A  J  N  G  C  P  A  K  S
Y  S  V  Q  F  V  A  F  D  V  S  N  H  Y  N  E
E  O  A  T  O  V  M  E  L  Ş  I  U  B  F  Y  V
E  K  O  N  O  M  İ  T  H  L  S  U  J  Z  Y  R
F  F  H  B  Y  O  J  L  E  J  Q  O  Y  S  Q  R
```

IŞVEREN	MALIYET
BÜTÇE	YÖNETICI
OFİS	ÇALIŞAN
GELIR	INDIRIM
FABRIKA	VERGİ
PARA	IŞLEM
DÜKKAN	SATIŞ
KÂR	MAL
YATIRIM	PARA BİRİMİ
KARIYER	EKONOMİ

51 - Ingenieurwesen

```
M A R G A Y İ D O T H N L Y V G
O O U O B U R Q L Q E N İ K A M
D C T O Z A M H O G S J K I Z I
U E J O Ö L Ç Ü M N A H M H R R
U V R G R A Ç I F G P A Ç S C Y
N I P I V I S D C U L O K E Z U
O Y S P N G N R O I A L E B B G
S O E A E L L G L J M V N A Y H
Z Ü B Y S M I T I Ğ A D E T V Z
J Y R N K S F K T T G F R M C N
G Z J T E V V U K Q A D J N P A
V T Q H Ü C I I R V Z T I V L J
V Q P F R N O Y S A T O R L Q F
Q U N I T M M Y U Y T G Z F E N
O A L L D U R E U Y R G C A C H
K F A S V Y P E D R K L B Q P O
```

EKSEN	ÖLÇÜM
HESAPLAMA	MOTOR
DİYAGRAM	SÜRTÜNME
MAZOT	SEBAT
ROTASYON	KUVVET
ÇAP	YAPI
ENERJI	DERINLIK
SIVI	DAĞITIM
KOL	AÇI
MAKİNE	

52 - Gemüse

```
U Q U U F Z J S E T A M O D I G
Y J T F A O H A Y K A N A P S I
Y H R N Z N S L L O A F L K C M
S A L A T A R A E J B B Y G Z P
S O J H G D Q T Z J Q E A B İ K
A S B İ B Y E A E Q T K M K V B
R Ş A L G A M L B P A T A T E S
I Z K O Z M Z I H T Z L O M R H
M E J K B E D K U Y Q K Z A E A
S Y E O K A N E N H L L U N K V
A T F R I N G C N A Ğ O S T L U
K I B B P Y Z S E G C Z R A G Ç
Z N Z R Y Q R O Z F İ H R R D H
K A R N A B A H A R I N A G T O
L K I E J D R I E R Y L A M F Q
M E P A T L I C A N N Y E R V A
```

ENGİNAR	KABAK
PATLICAN	ZEYTIN
KARNABAHAR	MAYDANOZ
BROKOLİ	MANTAR
BEZELYE	ŞALGAM
SALATALIK	SALATA
ZENCEFIL	KEREVİZ
HAVUÇ	ISPANAK
PATATES	DOMATES
SARIMSAK	SOĞAN

53 - Schönheit

```
I  P  O  E  C  U  Q  J  M  O  Z  E  P  E  K  E
B  J  Q  S  A  R  A  K  S  A  M  Q  Q  L  O  L
B  O  T  D  Z  R  Z  A  G  Z  K  O  A  G  Z  N
Q  K  J  U  I  J  L  O  I  Q  K  P  I  A  M  P
Y  G  U  U  B  K  T  J  T  H  Q  K  E  B  E  K
E  H  R  A  E  T  O  V  P  T  J  G  U  K  T  L
D  Z  E  G  B  I  F  G  S  B  U  A  E  Q  İ  Ü
Z  S  N  A  U  P  M  A  Ş  D  T  F  H  A  K  T
Q  A  K  K  O  K  U  L  S  R  N  G  Q  Q  O  U
N  K  R  A  L  Ğ  A  Y  C  V  S  Q  A  A  I  F
T  A  D  A  F  O  T  O  J  E  N  İ  K  M  V  R
M  M  P  Ü  F  Z  A  R  I  F  A  Y  N  A  M  D
L  H  Z  T  Z  E  T  K  C  L  R  J  G  E  U  V
R  Q  I  O  E  N  T  I  R  I  S  A  E  Q  J  A
B  B  O  C  E  V  G  T  S  İ  L  İ  T  S  J  E
V  Z  D  R  P  C  N  T  F  S  N  T  U  M  D  C
```

LÜTUF	KOZMETİK
CAZIBE	RUJ
KOKU	YAĞLAR
ZARIF	MAKAS
ZARAFET	ŞAMPUAN
RENK	AYNA
FOTOJENİK	STİLİST
DÜZ	MASKARA
CILT	

54 - Tanzen

```
C S Z C M P L G N D T İ D Z O R
Z O A U İ Ü R O A R İ T İ M Q P
R C Q N F D Z O A Q V L D L T K
J V Z V A N B İ V Q H Ş U R U D
O H E J R T A L K A H V Y T C S
Y L A J G Y C E İ G A Z G P Ü N
J P K I O B I S H F M R U K V U
G R İ M E D A K A L O M T I L C
P S J O R F Q E K Ü R Ü T L Ü K
L T I R O M P N Ü T T N E E U İ
H Y H N K T Y E L U A N K Ş V S
A N L A M L I L T F K N E E Y A
T J R Y A J D E Ü D N P R N İ L
G D Y L K V N G R Q S B A J J K
R Q I O F Q V Y E T J İ H D G I
V T O Z H Z E K L E S R Ö G Z C
```

AKADEMİ	KÜLTÜR
LÜTUF	KÜLTÜREL
ANLAMLI	SANAT
HAREKET	MÜZIK
KOREOGRAFİ	ORTAK
DUYGU	PROVA
NEŞELI	RİTİM
DURUŞ	GELENEKSEL
KLASİK	GÖRSEL
VÜCUT	

55 - Ernährung

```
S E B A H A R A T E Z Z E L F P
A İ N İ M A T İ V F D R Y A E R
Ğ R I L I B E L I N E Y P T R O
L P C E F Y Y I P B F E B H M T
I M N T A C I A T D Y Y B D A E
K N M İ R İ D N İ S Q R Y O N İ
L İ İ K I B M E B G Y Y C C T N
I S R S V L E I N F V Q K S A J
S E O H K H D Y C G H Q D C S C
F B L D A O O D O A E S B O Y O
R J A U L Y T K G H O L O S O H
L N K K I L R I Ğ A D J I S N K
S Y S G T K J L C T E S C Q Q Y
J B K V E V R Ğ N Ş U D N A R I
U N A D K P R A L I V I S Z C V
Y E C J O G L S K V U Y I U F O
```

IŞTAH	AĞIRLIK
DENGELI	BAHARAT
ACI	KALORİ
DIYET	BESİN
YENILEBILIR	PROTEİN
FERMANTASYON	KALITE
SIVILAR	SOS
LEZZET	TOKSİN
SAĞLIKLI	SINDİRİM
SAĞLIK	VİTAMİNİ

56 - Länder #1

```
S N Q Z M R M A N T E İ V Z O H
E I İ L A M T I C Q Ç Z E A N I
N B R K Y N K M S N E J I K G N
E R J A A N Q Z M I V O E I O D
G E B Y K R S U L R R Z A J T I
A Z R İ H Y A F Y A O B P T P S
L I C D I J D G A Y N O L O P T
K L A N I E A A U N K G C N A A
A Y L A T İ N L İ A R N B S M N
Y A E L O U A M S M İ S R A İ L
N C U N Z K K A P O M E L Z M S
O I Z İ V V N A R B V S N Q U
T L E F H L R Y N L T I J H J V
E J N B U Z D A Y M M B N N M R
L Z E L C O Q N A M K V R D V Q
Y L V K A M B O Ç Y A B V B B T
```

MISIR	LETONYA
BREZILYA	MALİ
ALMANYA	NİKARAGUA
FİNLANDİYA	NORVEÇ
HINDISTAN	POLONYA
IRAK	ROMANYA
İSRAİL	SENEGAL
İTALYA	İSPANYA
KAMBOÇYA	VENEZUELA
KANADA	VİETNAM

57 - Technologie

```
A  Y  S  O  D  O  S  B  N  B  K  L  D  K  J  K
R  Q  B  Ü  Z  P  O  L  K  İ  L  N  E  V  Ü  G
A  J  L  K  R  N  T  O  C  L  R  Q  U  V  N  T
Ş  O  C  V  M  İ  A  G  U  G  J  I  O  T  O  C
T  Y  A  B  J  G  V  L  Z  I  İ  K  Y  M  H  V
I  K  Ç  I  T  T  V  Q  K  S  S  N  O  U  P  I
R  S  E  Z  P  C  Z  Q  Z  A  T  G  U  Q  F  Z
M  I  L  I  Z  A  Y  N  Y  Y  A  L  M  Y  D  G
A  C  M  A  M  E  S  A  J  A  T  K  S  J  H  Q
I  I  İ  E  T  K  T  R  G  R  İ  A  U  G  V  Q
N  Y  S  V  B  İ  K  K  E  K  S  M  M  S  S  Z
N  A  K  C  P  F  J  E  O  C  T  E  H  G  C  Y
I  R  E  V  Y  G  R  İ  P  T  İ  R  H  H  T  E
A  A  D  A  R  D  V  G  D  V  K  A  V  L  U  A
I  T  İ  N  T  E  R  N  E  T  Z  D  D  R  F  Y
P  G  S  A  N  A  L  E  P  M  T  A  M  E  F  K
```

EKRAN
BLOG
TARAYICI
BAYT
BILGISAYAR
İMLEÇ
DOSYA
VERI
DİJİTAL

ARAŞTIRMA
İNTERNET
KAMERA
MESAJ
GÜVENLIK
YAZILIM
İSTATİSTİK
SANAL
VİRÜS

58 - Wasser

```
R  M  B  B  Z  J  G  Y  S  Z  Y  F  J  K  M  K
T  E  S  B  R  R  A  M  Ş  A  L  R  A  H  U  B
C  I  N  A  V  P  Y  U  S  H  E  U  N  O  L  G
Y  U  A  O  P  D  Z  U  B  D  S  M  E  T  R  A
R  S  H  N  D  K  E  F  E  U  V  Ğ  M  D  Y  Z
K  A  N  A  L  P  R  D  Y  Ş  I  A  N  O  I  T
B  U  U  O  A  V  A  O  A  S  K  Y  E  N  C  B
A  N  N  G  Z  N  K  A  R  L  S  P  H  H  I  O
E  O  Z  V  B  S  I  I  Q  K  G  R  I  B  H  F
B  S  U  N  A  Y  K  O  N  H  Q  A  R  P  U  R
S  U  H  D  C  C  M  N  N  P  G  P  L  Y  R  J
K  M  H  L  C  Z  B  Y  H  N  C  L  O  A  G  E
K  A  P  A  G  R  I  S  A  K  R  T  B  Y  R  P
G  G  U  T  R  S  U  L  A  M  A  R  S  G  E  S
T  Ö  C  K  V  F  C  J  Q  V  U  R  O  G  Q  A
V  Z  L  A  R  N  Q  L  E  C  K  O  V  C  U  N
```

SULAMA	KASIRGA
BUHAR	KANAL
DUŞ	MUSON
BUZ	OKYANUS
NEM	YAĞMUR
NEHIR	KAR
SEL	GÖL
DON	BUHARLAŞMA
GAYZER	DALGALAR

59 - Science Fiction

```
G K H Y A M A S L I N A Y N Q A
P R K N Y Q D K E U B P F I U T
V A I V N H A K S N J G R O İ E
H L T İ Ü L K Z P E A Q M F Ç Ş
E T S L D S Ö S P G Y R M I K E
I O I A A L G L F E P A Y J E Y
J B R Y U M I B A Z O L A O Ç F
P O Ü A S M A T N E T P N L R H
B R T H İ U L Q T G Ü A O O E K
I J Ü T N E A F A G S T A N G G
L Y F N E J B P S I K İ Ş K I Q
M F T U M U I K T Z F K I E Z T
O O Z Y A B V Q I D S V R T E J
K E H A N E T G K U E V I S M J
K İ M Y A S A L L A R C E G L N
Q O L C Z Q J P D T V A C H I P
```

KİTAPLAR	HAYALİ
KİMYASALLAR	SİNEMA
PATLAMA	KEHANET
AŞIRI	GEZEGEN
FANTASTIK	GERÇEKÇİ
ATEŞ	ROBOTLAR
FÜTÜRİSTİK	SENARYO
GÖKADA	TEKNOLOJI
GIZEMLI	ÜTOPYA
YANILSAMA	DÜNYA

60 - Literatur

```
S  K  U  I  N  A  Y  R  M  A  S  O  U  M  I  A
I  U  H  S  I  A  C  A  A  N  T  C  C  R  S  N
P  R  A  Z  A  Y  R  N  V  L  E  V  T  T  L  A
Q  G  O  L  A  Y  İ  D  I  A  M  Z  Q  Z  Z  L
Ş  U  N  O  J  U  F  D  Ş  T  A  L  O  R  I  O
G  I  R  İ  T  İ  M  Q  İ  I  A  V  K  K  I  J
J  E  I  T  H  J  Q  K  İ  C  M  B  B  C  O  İ
Q  İ  Z  R  S  H  V  Y  R  I  R  K  T  J  Z  G
O  F  Ç  Q  F  P  V  T  S  Q  A  T  A  N  I  M
R  A  U  J  A  J  C  Z  E  H  V  N  A  M  O  R
D  R  N  O  G  L  P  R  L  Q  U  A  A  N  C  D
P  G  O  E  Y  I  F  A  K  Z  Z  U  Q  L  L  Q
S  O  S  E  K  T  J  T  R  A  J  E  D  İ  I  V
F  Y  K  L  I  D  M  E  C  A  Z  S  H  Q  G  Z
B  İ  A  A  C  H  O  E  I  U  G  E  O  B  K  H
G  B  M  A  M  R  I  T  Ş  A  L  I  Ş  R  A  K
```

ANALOJİ	MECAZ
ANALIZ	ŞİİRSEL
ANEKDOT	KAFIYE
YAZAR	RİTİM
TANIM	ROMAN
BİYOGRAFİ	SONUÇ
DİYALOG	TARZ
ANLATICI	TEMA
KURGU	TRAJEDİ
ŞIIR	KARŞILAŞTIRMA

61 - Wandern

```
D  J  R  H  N  O  L  B  K  P  G  J  B  H  H  N
I  T  N  A  L  P  O  T  T  H  R  D  R  A  I  P
Q  H  R  R  E  L  E  K  İ  L  H  E  T  Z  Z  P
D  Q  O  İ  O  P  E  Q  D  B  J  E  P  I  D  F
P  J  F  T  H  A  Y  V  A  N  L  A  R  R  Y  B
A  U  V  A  O  I  F  P  G  Q  U  D  C  L  B  E
R  A  I  S  J  B  N  I  I  H  B  M  G  I  E  D
K  U  Ç  U  R  U  M  V  İ  Q  B  O  N  K  O  E
L  U  U  I  G  E  R  C  Ş  Y  L  N  H  Q  H  E
A  O  V  Z  R  R  U  J  H  J  I  U  N  H  O  H
R  H  Q  V  G  O  R  Y  A  N  T  A  S  Y  O  N
G  Ü  N  E  Ş  A  Y  A  V  A  H  Ğ  A  D  J  U
Q  Y  G  C  K  Ğ  R  K  L  F  Y  O  P  V  D  G
G  N  S  L  F  I  H  P  K  Ş  J  D  M  H  K  R
E  V  D  O  K  R  Y  S  B  R  A  K  C  Z  H  O
I  K  L  I  M  R  C  Q  S  G  O  T  U  L  G  Y
```

DAĞ
TEHLİKELER
TOPLANTI
HARİTA
IKLIM
UÇURUM
YORGUN
DOĞA
ORYANTASYON

PARKLAR
AĞIR
GÜNEŞ
TAŞLAR
HAYVANLAR
HAZIRLIK
SU
HAVA
VAHŞİ

62 - Globale Erwärmung

```
U  Ş  I  Z  P  Y  Z  C  F  Q  D  V  O  Y  G  Ç
D  I  J  R  E  N  E  M  K  Q  A  J  F  R  M  E
A  M  S  I  C  A  K  L  I  K  L  A  R  B  F  V
K  D  K  U  V  Y  L  E  R  T  U  L  V  A  F  R
G  I  O  Q  T  A  B  B  M  E  V  Z  U  A  T  E
B  E  E  Q  Z  S  Y  F  O  M  N  A  F  Y  R  S
G  F  L  A  R  K  T  I  K  Ü  Ü  V  U  D  C  E
A  U  V  I  F  M  U  R  A  K  F  L  E  G  E  L
Z  K  T  A  Ş  E  R  T  M  Ü  U  Q  U  R  Z  S
O  N  A  O  K  M  E  S  T  H  S  Y  Z  E  I  L
F  E  I  S  K  Y  E  Ü  L  S  Y  Z  P  L  R  Q
E  Y  G  T  P  F  F  D  A  P  P  M  I  L  K  I
O  P  A  V  J  C  R  N  Z  U  Z  U  L  İ  F  Q
H  G  Y  Y  F  Q  C  E  A  U  G  D  U  S  U  V
U  L  U  S  L  A  R  A  R  A  S  I  Y  E  B  J
G  E  L  E  C  E  K  R  P  R  K  B  Z  N  D  V
```

ARKTIK
NÜFUS
VERI
ENERJI
GELİŞME
GAZ
NESİLLER
MEVZUAT
ENDÜSTRI

ULUSLARARASI
ŞIMDI
İKLIM
KRIZ
AZALTMAK
HÜKÜMET
SICAKLIKLAR
ÇEVRESEL
GELECEK

63 - Länder #2

```
Q D D K F G E R Q U E B C Y K P
O R I B P D L A F A T Y H H P A
I H Q Y O V I I N D E V P S V K
O Y V D T T D I E N K F H I L I
L D H J L E L T R A J E E M A S
K V E L A Q R N A G V Y N R O T
U L Q F O O N A D U S H Q Y S A
L İ B E R Y A J A M A İ K A A N
T B T Y V I T K A O K Z R Y Y L
U H Q İ F M S C İ H V G U R N S
V J I R A D I O C S R H S E O N
A E V U S H N P J U K D Y J P F
N R R S N S A A O V D E A İ A R
R N E P A L N V L U L M M N J J
A N Y A R K U İ R L A N D A B O
S K N H F A Y P O Y İ T E A M S
```

ARNAVUTLUK	LİBERYA
ETİYOPYA	MEKSİKA
FRANSA	NEPAL
YUNANISTAN	NİJERYA
HAİTİ	PAKISTAN
İRLANDA	RUSYA
JAMAİKA	SUDAN
JAPONYA	SURİYE
KENYA	UGANDA
LAOS	UKRAYNA

64 - Fahrzeuge

```
O  M  O  E  S  U  Q  N  V  H  D  P  H  B  Y  K
S  A  L  U  Ü  I  Ç  D  L  E  E  E  R  I  Z  A
F  E  R  İ  B  O  T  A  G  L  N  N  Q  S  I  M
N  D  O  S  O  F  O  O  K  İ  İ  H  N  I  G  Y
T  S  T  K  T  H  Y  Y  B  K  Z  B  E  K  T  O
Y  N  O  A  O  B  S  U  N  O  A  J  F  L  R  N
F  B  M  T  U  Z  U  A  S  P  L  Y  U  E  D  E
R  O  K  E  T  H  Z  D  M  T  T  Q  P  T  E  R
B  S  P  Q  P  T  K  T  R  E  I  S  T  P  E  D
U  R  Z  K  V  C  R  A  R  R  Y  S  A  I  A  A
V  A  N  E  R  L  G  A  M  E  T  R  O  Y  T  S
N  B  M  R  D  R  E  L  K  İ  T  S  A  L  R  M
A  A  D  V  I  R  F  I  O  T  A  E  R  Y  E  O
A  R  N  A  U  T  M  P  F  K  Ö  M  S  O  N  J
P  A  S  N  A  L  U  B  M  A  U  R  O  L  A  C
Z  Q  Q  L  R  Y  B  S  M  F  U  S  F  E  U  S
```

ARABA	MOTOR
BOT	ROKET
OTOBÜS	LASTİKLER
BISIKLET	TAKSİ
FERİBOT	TRAKTÖR
SAL	METRO
UÇAK	DENİZALTI
HELİKOPTER	VAN
AMBULANS	KERVAN
KAMYON	TREN

65 - Musikinstrumente

```
M N Y F P F Q N U Y B T E G A B
K S O L P İ R O E S Q E K E U Y
O U A Ü M Z Y F A G D F M I B D
I M S T K E P A Y T A O S E O E
A V C O E E A S N H V U C S Ç S
J M Z G D J M K E O U M N L N F
T L U A K L V A Y L L G İ T A R
K T G F P S H S N L A V L E B O
D M A F Y E N M O E V K O P U A
A R P L O S T Z B Ç V L D M B K
B M U Y T Y K H M O I A N O G T
M A R E E H G R O Q M R A R U L
İ J A U N G C T R F N N M T C C
R R E E V J N S T N J E G O N G
A Q T U B B V T L Z C T C Q V O
M L K V U Z E D J J E Z T U F A
```

BANÇO	PİYANO
ÇELLO	MANDOLİN
BAGET	MARİMBA
FAGOT	OBUA
FLÜT	TROMBON
KEMAN	SAKSAFON
GİTAR	VURMA
GONG	TEF
ARP	DAVUL
KLARNET	TROMPET

66 - Blumen

```
A N F D K V D K B R L Y G A D O
E R M Z A Y N E D R A G O T H Z
H C R A R J E L A L A E U N B G
B T H Q P Z H E G G Y B F A C S
A F L A A G H F B Q Ç E J V C A
Z R K J Y P N I A Q İ G C A A B
L E Y L A K O K D V Ç Ü H L Q İ
Ş A K A Y I K R P J E M A N U D
L P A P A T Y A K K Ğ E Ş C H N
Y A S E M İ N Ç A İ İ C H Y I İ
B M A N O L Y A B G D İ A F G H
R U U Z U N Q C M C A E Ş V K A
F H K N H G J T A C F G Z M T R
N K T E G Ü V A Z B F V V S A A
S T T I T L P L U M E R I A D K
R E M F S G H O K F E F K G A E
```

YAPRAK	MANOLYA
GARDENYA	HAŞHAŞ
PAPATYA	ORKİDE
EBEGÜMECİ	ÇARKIFELEK
YASEMİN	ŞAKAYIK
YONCA	PLUMERIA
LAVANTA	GÜL
LEYLAK	AYÇİÇEĞİ
ZAMBAK	BUKET
KARAHİNDİBA	LALE

67 - Natur

```
H  I  I  R  Q  Y  J  C  B  Q  Q  K  P  E  E  B
A  F  S  D  B  H  L  S  A  C  M  L  Z  R  E  U
Y  Z  D  S  B  M  U  L  R  U  Z  U  H  O  B  Z
V  E  P  V  A  H  Ş  İ  I  P  G  H  F  Z  U  U
A  A  R  K  T  I  K  G  N  İ  K  A  S  Y  L  L
N  A  M  R  O  F  Z  S  A  Ç  Ö  L  T  O  U  B
L  A  K  İ  P  O  R  T  K  A  Y  H  E  N  T  B
A  G  K  İ  Z  Q  I  A  Z  R  V  T  B  Y  L  T
R  H  Ü  M  L  V  C  B  E  L  H  F  C  A  A  Y
A  K  D  Z  I  L  S  İ  S  A  H  Z  T  M  R  E
L  G  H  O  E  N  İ  O  C  R  U  R  J  E  S  V
Ğ  V  Y  N  U  L  E  Ş  V  I  H  B  B  S  I  J
A  N  D  C  C  N  L  H  E  Q  Y  Q  A  Z  R  R
D  S  T  I  S  T  E  I  I  Y  H  A  Y  A  T  İ
M  D  İ  N  A  M  İ  K  K  R  B  L  O  Z  Q  O
F  L  T  V  B  U  Z  Y  F  M  T  A  J  J  Q  G
```

ARKTIK	YEŞİLLİK
DAĞLAR	HAYATİ
ARLAR	SİS
DİNAMİK	GÜZELLIK
EROZYON	HAYVANLAR
NEHIR	TROPİKAL
HUZURLU	ORMAN
BUZUL	VAHŞİ
BARINAK	BULUTLAR
SAKİN	ÇÖL

68 - Urlaub #2

```
O  D  H  M  Z  U  E  U  C  F  R  I  D  A  Ç  T
D  T  A  H  A  Y  E  S  S  N  E  F  R  Z  V  R
J  Y  E  Ğ  E  Q  P  F  P  K  S  Z  A  U  Z  E
D  R  Z  L  L  N  B  H  Y  K  T  A  R  E  T  N
Y  H  İ  S  K  A  T  Ş  H  B  O  O  N  T  O  Y
G  U  V  Z  G  R  R  O  Y  Z  R  U  E  N  E  Q
U  D  F  I  C  N  A  B  A  Y  A  M  N  K  C  U
D  S  H  N  Z  H  D  H  E  Z  N  P  B  P  O  O
C  R  S  E  Q  R  A  L  F  A  R  Ğ  O  T  O  F
Z  D  K  D  D  P  A  S  A  P  O  R  T  P  G  I
Z  B  M  M  N  E  F  J  L  V  B  O  N  T  Q  A
J  V  E  N  I  V  F  J  C  D  M  Y  V  Z  R  J
T  A  Ş  I  M  A  C  I  L  I  K  P  L  A  J  A
H  A  V  A  L  İ  M  A  N  I  L  C  J  L  Y  D
D  C  A  Y  K  V  T  A  S  P  S  J  J  S  Z  Z
P  N  J  C  H  H  A  R  İ  T  A  Q  T  O  K  K
```

YABANCI	SEYAHAT
DAĞLAR	RESTORAN
HAVALİMANI	PLAJ
FOTOĞRAFLAR	TAKSİ
BOŞ	TAŞIMACILIK
OTEL	VİZE
ADA	ÇADIR
HARİTA	HEDEF
DENIZ	TREN
PASAPORT	

69 - Barbecues

```
A  V  L  Q  V  E  Ç  R  E  B  I  B  T  Y  A  Y
T  N  V  B  R  D  U  A  P  U  E  U  U  P  R  U
S  O  Ğ  A  N  U  D  L  T  R  R  U  Z  A  K  A
F  I  I  O  D  Z  E  A  Q  A  E  K  T  J  A  S
B  I  Ç  A  K  Y  T  T  U  L  L  J  L  C  D  L
M  N  Z  S  K  Q  Z  A  J  K  E  L  I  A  A  M
E  G  C  S  O  F  Q  L  V  U  Z  R  A  U  Ş  U
Y  L  J  P  R  R  N  A  B  C  B  S  Y  R  L  Z
V  B  B  H  M  H  E  S  B  O  E  E  N  A  A  B
E  S  M  Ü  Z  I  K  O  Ç  S  B  O  L  R  P
M  U  O  N  V  R  U  D  A  V  E  T  E  N  H  A
P  Q  Z  S  E  K  V  N  J  L  I  B  K  U  O  Y
A  T  J  I  N  Q  A  Q  V  A  U  S  O  Y  T  E
H  T  M  J  U  Z  T  B  N  M  G  Y  Q  O  L  H
A  Ç  L  I  K  A  C  I  S  L  A  R  A  G  Z  I
K  A  M  L  A  Q  E  I  D  D  J  M  H  Z  Z  M
```

DAVET	ÇOCUKLAR
AILE	BIÇAK
ARKADAŞLAR	MÜZIK
MEYVE	BIBER
ÇATALLAR	SALATALAR
SEBZELER	TUZ
IZGARA	YAZ
SICAK	SOS
TAVUK	OYUNLAR
AÇLIK	SOĞAN

70 - Geographie

```
H  B  A  T  I  R  R  Y  B  D  G  Y  Y  F  I  A
A  R  A  K  I  M  A  L  Y  O  B  R  A  T  I  K
R  I  Y  P  A  D  D  E  N  L  E  M  R  Z  Y  H
İ  H  N  C  D  O  A  K  O  F  N  F  I  R  E  D
T  E  Ü  F  U  E  U  L  Y  F  L  Y  M  P  B  B
A  N  D  D  E  A  N  Ü  K  D  L  E  K  E  B  P
M  G  A  O  K  K  V  I  S  B  Q  I  Ü  G  R  A
M  T  O  V  Y  M  J  Q  Z  H  J  P  R  C  D  C
I  E  T  S  M  I  F  G  P  G  U  A  E  M  H  D
Y  J  R  O  T  A  V  K  E  U  I  S  Q  O  C  A
Q  J  G  İ  Y  G  J  O  Y  L  Q  U  H  Z  D  Ğ
B  P  D  P  D  M  H  Q  K  K  E  N  T  D  H  M
Q  Ö  T  K  L  Y  E  Z  U  K  I  A  A  K  Y  Y
S  A  L  T  A  V  E  C  C  O  M  Y  K  S  O  E
B  C  J  G  J  E  U  N  L  F  O  K  L  G  Q  B
P  P  H  J  E  M  F  L  K  Y  N  O  O  N  H  C
```

ATLAS	ÜLKE
EKVATOR	BOYLAM
DAĞ	DENIZ
ENLEM	MERİDYEN
NEHIR	KUZEY
YARIMKÜRE	OKYANUS
RAKIM	BÖLGE
ADA	KENT
HARİTA	DÜNYA
KITA	BATI

71 - Zahlen

```
H  B  K  Z  A  K  P  Q  Y  R  O  H  F  H  C  G
D  Ö  R  T  B  S  J  S  C  N  M  B  L  E  Y  C
H  R  P  Y  M  R  Q  Z  U  K  O  D  A  Q  A  O
F  Q  S  Y  Z  F  I  U  I  D  H  J  H  D  L  B
U  B  C  B  Y  Y  D  K  I  L  A  D  N  O  T  R
Z  Z  I  K  E  S  N  O  T  C  L  P  O  G  I  V
S  L  R  H  H  Ş  J  D  L  Y  J  D  J  A  L  I
N  J  Z  O  I  F  A  N  A  İ  G  S  E  K  İ  Z
U  I  U  O  U  U  N  O  N  R  P  J  M  Z  K  J
S  O  P  V  I  K  I  N  O  M  V  Q  M  C  B  A
Ç  I  C  D  Y  U  G  Y  I  İ  D  M  V  U  P  Q
Ü  N  F  H  C  H  A  E  K  D  U  I  U  V  N  O
N  Ç  C  I  T  R  Ö  D  N  O  O  U  L  I  I  M
O  S  U  Z  R  I  B  I  V  S  Q  C  Z  H  U  T
E  F  J  M  D  S  R  J  V  P  G  R  K  R  Z  K
V  2  J  Z  C  Y  E  D  İ  D  T  A  O  H  Z  I
```

SEKİZ	ALTI
ONSEKIZ	ON ALTI
ONDALIK	YEDİ
ÜÇ	ON YEDI
ON ÜÇ	DÖRT
BIR	ON DÖRT
BEŞ	ON
DOKUZ	YIRMI
ON DOKUZ	ON IKI
SIFIR	

72 - Kunst Liefert

```
O  F  K  İ  L  İ  R  K  A  Y  V  Z  G  K  H  F
K  P  I  S  M  F  U  A  E  L  A  V  Ö  Ş  L  H
Z  T  L  R  I  Z  S  C  M  V  O  Ğ  R  N  T  A
C  K  I  P  Ç  J  E  S  A  S  İ  L  G  İ  Y  V
O  Z  C  U  I  A  Y  R  S  C  Z  Z  E  D  F  E
P  K  I  I  A  R  L  L  A  L  K  Z  Q  E  L  I
I  F  T  Y  E  T  A  A  F  İ  K  İ  R  L  E  R
P  L  A  S  Z  Z  D  G  R  V  L  M  T  D  J  J
V  I  R  T  P  F  N  M  Ü  R  E  K  K  E  P  Q
V  K  A  G  U  S  A  L  Z  M  P  O  O  E  A  C
Q  D  Y  O  K  T  S  P  K  A  M  E  R  A  Y  Z
K  I  L  R  E  U  K  R  E  N  K  K  Â  Ğ  I  T
Z  G  M  R  B  J  K  A  K  G  S  C  Z  E  V  M
K  A  L  E  M  L  E  R  L  F  O  T  I  E  P  J
L  N  T  Q  P  Z  Z  P  R  N  C  N  E  Q  M  N
O  Y  I  B  Y  O  A  T  Y  D  Z  L  U  H  F  Q
```

AKRİLİK	KÂĞIT
KALEMLER	SİLGİ
FIRÇALAR	ŞÖVALE
RENK	SANDALYE
FİKİRLER	MASA
KAMERA	MÜREKKEP
YARATICILIK	KIL
TUTKAL	SU
YAĞ	

73 - Tage und Monate

```
Ş  U  B  A  T  K  L  I  S  E  T  R  A  Z  A  P
O  C  A  K  C  I  A  Y  O  G  C  A  A  M  Y  C
K  Y  T  F  H  L  H  S  L  U  P  Z  Ğ  S  P  U
E  T  F  F  A  A  Z  A  I  F  A  A  U  R  V  M
M  J  A  O  Z  R  H  E  Y  M  O  P  S  Q  E  A
C  P  H  L  I  A  C  O  C  U  M  A  T  Z  B  R
C  K  T  Q  R  B  C  R  D  K  G  N  O  P  T  T
U  N  I  R  A  L  R  E  R  Q  V  D  S  E  G  E
U  F  B  G  N  T  A  K  V  I  M  A  Z  R  L  S
E  D  P  P  T  Q  H  T  E  M  M  U  Z  Ş  A  I
F  Y  S  Z  N  Ç  A  R  Ş  A  M  B  A  E  B  L
F  H  L  D  Y  H  E  Z  A  S  L  I  N  M  B  A
O  D  M  Ü  Y  C  E  D  D  E  R  G  K  B  Z  S
N  S  O  U  L  N  I  F  B  B  B  H  V  E  V  L
Z  U  V  Z  V  K  F  U  L  N  L  H  K  E  Y  G
S  R  Z  O  G  S  B  V  B  C  O  Z  A  K  F  T
```

AĞUSTOS	TAKVIM
ARALIK	ÇARŞAMBA
SALI	AY
PERŞEMBE	PAZARTESI
ŞUBAT	KASIM
CUMA	EKIM
YIL	CUMARTESI
OCAK	EYLÜL
TEMMUZ	PAZAR
HAZIRAN	HAFTA

74 - Emotionen

```
S  S  C  U  H  C  P  K  E  P  F  U  J  K  F  H
S  E  H  A  S  F  J  N  S  R  N  H  K  I  B  E
Q  V  M  Y  K  Y  Z  B  J  J  Z  M  N  I  Y  Y
Q  İ  J  U  H  P  Z  P  A  E  U  K  P  C  E  E
A  N  U  N  M  E  M  Q  R  R  R  A  H  A  T  C
P  Ç  A  R  A  T  T  E  N  N  I  M  H  M  U  A
O  D  M  K  L  I  E  I  E  I  T  Ş  A  A  G  N
N  G  F  J  E  U  K  R  O  K  N  I  S  L  N  L
N  U  U  N  E  Y  A  Ş  R  A  I  P  S  T  V  I
S  Ü  R  P  R  İ  Z  K  A  S  K  Y  A  A  Ö  T
Z  İ  T  A  P  M  E  S  J  D  I  B  S  H  F  M
H  Q  C  N  C  R  N  G  M  T  S  U  İ  A  K  U
S  H  C  P  Ü  U  S  B  B  I  B  H  Y  R  E  I
B  L  S  T  J  Z  G  N  Y  L  S  Q  E  J  Y  B
E  M  Z  O  D  U  Ü  N  B  C  D  J  T  U  D  Z
H  C  B  M  S  H  C  Q  U  P  O  U  Z  Q  F  F
```

KORKU	RAHATLAMA
HEYECANLI	HUZUR
MINNETTAR	SAKIN
RAHAT	SEMPATİ
SEVİNÇ	ÜZÜNTÜ
NEZAKET	SÜRPRİZ
BARIŞ	ÖFKE
SIKINTI	HASSASİYET
AŞK	MEMNUN

75 - Zu Füllen

```
Y  T  Z  A  K  A  E  K  P  H  P  A  F  S  A  T
V  A  Z  O  K  Y  R  N  A  Z  P  J  T  A  R  V
Ç  E  K  M  E  C  E  O  K  M  A  L  Ü  N  L  Z
C  Q  H  S  E  P  E  T  E  K  F  R  P  D  I  S
L  U  V  A  B  O  Ş  R  T  O  E  E  F  I  O  B
R  C  H  K  V  Y  I  A  P  V  I  N  M  K  M  M
K  Ü  V  E  T  Z  Ş  K  Z  A  Ç  A  N  T  A  Z
V  G  E  J  V  O  A  J  N  T  I  R  E  Y  A  S
L  R  I  F  I  N  S  B  U  B  U  M  O  T  D  C
M  P  I  G  T  A  O  U  E  H  A  F  M  M  N  C
R  B  H  Y  K  V  G  T  K  O  R  I  I  D  Y  N
S  D  H  D  L  A  Z  K  J  S  R  T  S  Ç  B  N
G  U  F  M  A  K  Z  U  F  R  V  T  P  J  I  V
T  L  Y  E  S  R  H  T  B  G  A  S  E  F  M  S
O  A  D  R  Ö  P  T  U  S  P  A  Y  T  N  E  Y
F  C  I  M  R  R  M  D  E  R  M  E  O  D  I  F
```

HAVZA	KLASÖR
KUTU	PAKET
KOVA	TÜP
FIÇI	ÇEKMECE
ŞIŞE	TEPSI
KARTON	ÇANTA
SANDIK	ZARF
BAVUL	VAZO
SEPET	KÜVET
KAVANOZ	

76 - Das Unternehmen

```
K Q E P R B I Ü G R Z E Y Z P I
R M U N U S Ş R E A İ E R K Z T
F N F U D E T Ü L R R S K A T I
F V J P J Ü I N I A K P K E B B
R E Y Y H O S H R K Q I Y L R A
C C I U O G R T U I M R A E E R
O J M Y C H P A R J O Y T S L R
Y E N I L I K Ç I I J M I E T A
L T N O Y A R A T I C I R R E L
I I V L L Q D S N N P Y I Ü R K
E L N P S A D G L A C J M K C A
N A J Q B Q S R U K J N Z S Ü N
E K E P P M O I H A M D Q Q B Y
I L E R L E M E L P Q O R C Z A
G L B A U V J Q V I U S L Z L K
F P B İ R İ M L E R K T K P U F
```

BİRİMLER	YARATICI
GELIR	ÜCRETLER
KARAR	OLASILIK
ILERLEME	SUNUM
IŞ	ÜRÜN
KÜRESEL	KALITE
ENDÜSTRI	KAYNAKLAR
YENILIKÇI	RİSKLER
YATIRIM	ITIBAR

77 - Kräuterkunde

```
L I E T I L A K Z T F T F M Ç F
N A R F A S T C F F L O E F I E
D U V E Z R B İ B E R İ Y E Ç S
A K C A O B H U Z N G P F B E L
G İ L E N C T U H E Ç H A B K E
S T U Z A T F D N Z U Z Y J A Ğ
D A D K D T A E T E C C D F F E
C M R L Y Z Y R F R A F A C T N
N O Q I A J A E M D D G L H U G
A R H Ş M K C O C S V O I C M O
L A H E L S B T E Z Z E L K T N
C K V Y R H A U I Ç E R I K P Q
P G G O O R A K İ K E K O Y E T
A H K A D V E P E P H L R J T K
H Z B D P L T L Z L L Q R O Z R
P L K R M E R C A N K Ö Ş K R C
```

AROMATİK	MUTFAK
FESLEĞEN	LAVANTA
ÇİÇEK	MERCANKÖŞK
DEREOTU	MAYDANOZ
TARHUN	KALITE
REZENE	BİBERİYE
BAHÇE	SAFRAN
LEZZET	KEKİK
YEŞIL	FAYDALI
SARIMSAK	IÇERIK

78 - Aktivitäten und Freizeit

```
B  B  A  H  Ç  I  V  A  N  L  I  K  S  B  D  A
N  A  F  J  A  N  D  B  M  L  L  J  Y  E  A  I
A  M  L  Ş  U  J  M  T  F  P  P  B  A  V  V  P
J  A  O  I  E  R  B  Y  G  H  A  A  B  O  K  M
H  Y  G  L  K  E  M  T  E  T  A  H  A  Y  E  S
P  O  F  A  R  Ç  P  V  U  D  Y  N  I  Y  C  İ
S  B  B  D  T  A  I  L  U  C  E  S  A  Y  S  N
A  Y  Y  İ  P  T  H  L  O  B  Y  E  L  O  V  E
N  R  Q  Y  L  Y  I  A  I  A  V  M  O  P  B  T
A  E  Z  B  N  E  Q  N  T  K  S  Z  B  O  E  Y
T  F  F  Y  G  F  R  Ö  S  L  O  Ü  T  L  Y  Ü
B  A  S  K  E  T  B  O  L  Z  A  Y  U  E  Z  R
Q  F  O  D  S  H  B  J  Q  B  E  T  F  C  B  Ü
U  M  A  Z  I  V  O  L  G  O  V  Y  I  E  O  Y
J  O  U  D  L  Q  K  R  L  J  V  T  Y  C  L  Ü
C  R  I  J  L  G  S  B  G  F  O  O  R  F  I  Ş
```

BALIKÇILIK	HOBİLER
BEYZBOL	SANAT
BASKETBOL	SEYAHAT ETMEK
BOKS	YÜZME
RAHATLATICI	SÖRF
FUTBOL	DALIŞ
BAHÇIVANLIK	TENİS
BOYAMA	VOLEYBOL
GOLF	YÜRÜYÜŞ

79 - Formen

```
Y M Y F O O N E G K O Ç F D S O
R U G O K Y T İ M A R İ P A İ P
D G V I A O P I O R R Z F I L O
K B M A U D R G M E H I I R İ A
N E G T R Ö D K I D N R S E N Y
H O S H B L A V O M A Ğ E V D Q
K O N İ Z B A A E V Y E P S İ Ü
P R İ Z M A K K S D V B K B R Ç
Q Z D C Z B Ü H İ P E R B O L G
O D N P P Q P G Z T O C N G B E
R T D M C J L M O J E V B C C N
U R A L R A N E K Y A N U P S I
S S T C G V N Ş L R P H H A H U
L E Z S Y A G Ö K İ R G D R T T
R T K R J D K K P M P K A K C Y
O L K J J M N L T I G S S R M N
```

ARK	OVAL
ÜÇGEN	ÇOKGEN
KÖŞE	PRİZMA
ELİPS	PİRAMİT
HİPERBOL	KARE
KENARLAR	DIKDÖRTGEN
KONİ	YUVARLAK
DAIRE	YAN
EĞRI	KÜP
SIRA	SİLİNDİR

80 - Musik

```
A O V Q E K S S T E C N T U E E
C L L G B S Q E K G E İ H F L K
C T B G E Z N H L E S R İ İ Ş L
R Q J Ü R V O Ş A R K I C I I E
K C U T M Y F F K N E H A M T K
K J A T J L O Y İ A T B P F E T
I S D K G Y R T Z M Z P P J M İ
C C D İ L N K C Ü A İ G N O P K
R C Z M C L İ C M L D T H P O Q
E N S T R Ü M A N Ç J U İ E D O
M Ü Z İ S Y E N F A H V O R O K
F F K R E N İ P K Ğ B K P A P İ
E D I D H N K İ N O M R A H U R
E L Q F Z C S I T D G B H Y Y İ
J K R U I U H A C D F M E D I L
M E L O D İ K L A S İ K S M S T
```

ALBÜM	MELODİ
KAYIT	MİKROFON
KORO	MÜZİKAL
EKLEKTİK	MÜZİSYEN
AHENK	OPERA
HARMONİK	ŞİİRSEL
DOĞAÇLAMA	RİTMİK
ENSTRÜMAN	RİTİM
KLASİK	ŞARKICI
LİRİK	TEMPO

81 - Antiquitäten

```
E  F  I  Ş  I  D  N  A  Ğ  A  L  O  N  A  Z  B
M  Q  U  U  I  E  N  C  Z  P  Z  Q  R  Ş  O  B
F  I  R  G  T  K  V  H  E  Y  K  E  L  A  L  O
F  I  R  A  Z  O  C  R  I  U  B  M  Z  R  T  J
G  I  O  L  Z  R  A  T  U  C  V  O  R  T  Y  T
P  A  Y  K  U  A  H  G  D  V  R  B  E  B  N  B
R  B  L  A  G  T  U  K  B  M  Y  I  T  G  G  J
H  Y  M  E  T  İ  D  H  Z  N  R  L  Y  Y  O  A
L  T  C  K  R  F  D  E  Ğ  E  R  Y  C  P  M  Y
T  A  K  I  E  İ  D  A  R  D  D  A  T  B  Q  A
Y  N  U  T  B  V  A  Q  S  E  C  Q  B  Y  O  T
O  A  Y  N  T  K  A  L  I  T  E  K  K  İ  S  I
A  S  Ş  A  P  T  G  G  M  Y  F  Q  T  J  R  R
Z  D  E  T  C  T  J  C  E  Z  P  Y  P  Z  I
H  C  E  O  J  B  D  M  G  R  P  R  E  U  H  M
Y  Ü  Z  Y  I  L  R  H  V  J  K  Q  Y  M  F  C
```

YAŞ	SİKKE
OTANTIK	FIYAT
DEKORATİF	KALITE
ZARIF	TAKI
GALERİ	HEYKEL
YATIRIM	TARZ
YÜZYIL	OLAĞAN DIŞI
SANAT	DEĞER
MOBILYA	ŞART

82 - Adjektive #2

```
E  M  K  J  K  N  T  H  P  Y  Ü  L  Ç  Ü  G  N
Z  N  İ  D  Z  I  K  T  D  A  R  S  D  T  U  O
A  N  T  U  U  N  Q  V  A  R  E  A  Ü  U  D  R
T  Z  A  E  L  A  Ğ  O  D  A  T  Ğ  N  Z  I  M
U  L  M  U  R  O  S  Y  F  T  K  L  L  L  T  A
A  Y  A  P  U  E  A  H  T  I  E  I  Ü  U  F  L
B  E  R  O  R  H  S  Ç  L  C  N  K  U  Z  N  F
N  N  D  T  U  C  Q  A  I  I  V  L  C  Y  K  L
Y  I  E  A  G  R  A  D  N  K  F  I  R  A  Z  B
E  L  Y  N  L  U  Ç  K  N  T  L  V  A  H  Ş  İ
P  E  O  T  P  P  V  L  P  D  F  A  A  Q  B  M
I  B  B  I  R  K  R  T  Y  P  S  C  Y  Z  G  M
B  I  O  K  N  P  M  C  O  R  S  D  F  I  D  H
Q  L  Y  A  B  E  U  Y  E  F  P  J  O  J  C  N
P  I  Q  V  Z  J  Y  Z  R  S  G  J  O  P  B  I
M  R  S  E  Z  T  H  Z  S  R  F  P  H  O  N  O
```

OTANTIK	YARATICI
ÜNLÜ	DOĞAL
AÇIKLAYICI	YENI
DRAMATİK	NORMAL
ZARIF	ÜRETKEN
YENILEBILIR	TUZLU
TAZE	GÜÇLÜ
SAĞLIKLI	GURURLU
AÇ	SORUMLU
ENTERESAN	VAHŞİ

83 - Kleidung

```
K  Q  T  N  I  Z  Z  Y  E  B  U  K  E  V  U  K
N  E  K  K  B  A  G  I  Y  O  L  O  Q  S  C  R
U  P  P  A  N  T  O  L  O  N  U  E  K  K  E
T  A  K  I  K  P  B  E  O  F  P  A  Z  A  O  R
B  D  Ş  F  K  R  U  L  K  P  İ  J  A  M  A  T
I  O  A  E  A  R  E  L  N  E  V  I  D  L  E  T
L  M  P  U  Y  E  J  T  T  B  C  G  E  Z  Z  Q
E  R  K  A  A  M  C  U  L  E  L  B  I  S  E  V
Z  K  A  N  Z  E  S  A  N  D  A  L  E  T  V  J
I  R  L  I  G  K  K  A  Z  A  K  E  L  M  Ö  G
K  K  E  Ş  A  R  P  A  O  K  Ü  T  E  Q  E  C
M  K  N  B  V  H  Y  G  S  N  L  E  I  R  P  M
S  G  U  S  P  I  K  V  P  L  N  K  D  E  L  Z
B  F  O  A  E  M  D  I  A  B  Ö  G  H  B  M  I
Q  G  E  O  F  U  H  R  F  U  I  U  K  C  Q  K
Q  M  N  Y  B  C  B  M  K  U  H  G  T  L  B  A
```

BILEZIK	ELBISE
BLUZ	MODA
KEMER	KAZAK
KOLYE	ETEK
ELDIVENLER	SANDALET
GÖMLEK	EŞARP
PANTOLON	PİJAMA
ŞAPKA	TAKI
CEKET	AYAKKABI
KOT	ÖNLÜK

84 - Politik

```
G E T K I H P J O N M M F A H C
J E B Z R Ü H O A K T İ V İ S T
E F E A N K B O P T S Q N İ Y I
E Q C F S Ü F V K Ü L R Ü G Z Ö
G K B E M M N H I M L V P R Q I
I N G R I E K U L T N E U E C B
R D B O C T A G T I O K R V Q N
K A M P A N Y A I V K O Y L E Q
S N M N K R T C Ş Ü R Ö G A İ R
Q N B D İ Z Y O E K I L B S J K
P O L I T I K A T Q B N Z U E İ
I L E A İ E L R İ M C L V L T T
T P D V L A R A M I Ç E S U A E
C M A N O K V D O E O C T N R E
C E R J P I I A K J E K I J T I
M F A H M R D Y E S N O K L S N
```

AKTİVİST	POLITIKA
ETİK	POLİTİKACI
ÖZGÜRLÜK	POPÜLERLİK
EŞITLIK	KONSEY
KAMPANYA	HÜKÜMET
ADAY	ZAFER
KOMİTE	VERGİ
GÖRÜŞ	STRATEJİ
ULUSAL	SEÇIM

85 - Haus

```
H E E N İ M Ö Ş V L B C Y L U P
S B N G B V B D B Y M A N Y A E
M M A Z R E D V I T B Ç H T D N
U U H E E Ü T T P K E V A Ç O C
C O P O P G P T J Z B J B T E E
L D Ü R I G V Ü A L M A M I I R
Y A T A K O D A S I G D A Ç T E
R E Ü E A C Ş A E R A L L K A P
L R K E F D U V A R R L B B K B
P R M H T D D O I E A Y B P I Q
K F Z V U I R L N D J G J B T R
D U A V M O B I L Y A B A C A M
V S B T A V A N K A P I L E Ç F
F C Z D I I U I T L Q N O M B T
T T K R L O S A Q I A T N J R I
O A S F D J Z G E Y N J D M S G
```

SÜPÜRGE	MUTFAK
KÜTÜPHANE	LAMBA
ÇATI	MOBILYA
ÇATI KATI	YATAK ODASI
TAVAN	BACA
DUŞ	AYNA
PENCERE	KAPI
GARAJ	DUVAR
BAHÇE	ÇIT
ŞÖMİNE	ODA

86 - Bauernhof #1

```
O  M  J  C  A  R  A  K  E  P  Ö  K  S  S  G  O
O  S  N  H  T  A  G  T  A  N  N  G  Ü  B  R  E
Z  R  K  C  A  J  R  C  Ç  O  K  H  K  F  K  I
R  E  V  S  F  V  A  I  İ  Ğ  A  Z  U  B  K  Y
S  Y  O  S  N  I  K  Ç  T  D  D  U  V  J  E  H
E  Ş  E  K  E  K  E  N  İ  L  P  M  A  I  Ç  I
D  P  L  P  H  L  D  I  Y  H  O  O  T  D  I  F
A  M  E  A  Y  S  İ  R  P  Z  V  D  T  B  C  U
Y  N  R  M  L  A  B  I  U  Y  B  S  F  A  C  O
Z  G  B  N  Z  A  A  P  B  A  Z  I  B  P  S  O
S  G  I  V  L  A  N  C  I  E  Z  Y  M  I  R  K
E  A  A  N  D  L  N  A  H  N  Y  K  Q  H  Z  U
Z  V  G  K  J  O  H  U  M  I  R  A  T  D  C  G
P  H  H  V  I  R  E  J  O  A  U  I  B  F  F  E
J  E  E  F  R  A  A  H  L  Q  S  V  S  B  N  R
N  S  L  U  I  M  H  Q  Y  U  O  F  C  E  T  P
```

ARI	KARGA
GÜBRE	İNEK
EŞEK	KARA
ALAN	TARIM
SAMAN	AT
BAL	PIRINÇ
TAVUK	DOMUZ
KÖPEK	SU
BUZAĞI	ÇIT
KEDİ	KEÇI

87 - Regierung

```
B K F B R J Z M K S T R Z O I E
T B A S A Y A N A T E L V E D Ş
T Ö O N U Ğ A N F N S M I G U I
G L O N U L I Z B F A Y B J U T
G G N I B N T M G M Y T O O R L
O E H F M B R C S L İ N S A L I
F E U U Z G C D U I S R R İ A K
D I Z B U G M O L A Z A V S S J
B B U Y Q D A T U N R L G A U K
K K R E D İ L I V I S S I R L J
J G L A D A L E T T H H C K U O
Y S U Z K O N U Ş M A H T O F T
Ö Z G Ü R L Ü K T S Y H C M Y D
T A R T I Ş M A C N D M E E F F
H A K L A R R O Y Y N M O D C A
D J P D I E H B Z U J Q A B S Y
```

BÖLGE	ULUS
DEMOKRASİ	ULUSAL
ANIT	SİYASET
TARTIŞMA	HAKLAR
ÖZGÜRLÜK	KONUŞMA
HUZURLU	DEVLET
LİDER	SEMBOL
ADALET	BAĞIMSIZLIK
KANUN	ANAYASA
EŞITLIK	SIVIL

88 - Berufe #1

```
K  U  Y  U  M  C  U  G  S  N  H  O  F  E  T  D
G  L  T  O  V  D  A  M  Ü  Z  İ  S  Y  E  N  O
U  P  A  C  I  D  V  V  H  S  T  U  R  I  R  K
F  O  D  J  D  B  C  T  Y  U  V  L  L  D  R  T
E  Z  H  F  A  B  I  Ç  S  N  A  D  O  Z  R  O
C  A  K  E  E  A  I  Ç  T  A  S  I  S  E  T  R
P  İ  Y  A  N  İ  S  T  T  J  R  Y  K  P  M  A
B  Ü  Y  Ü  K  E  L  Ç  İ  A  E  F  P  G  P  V
M  U  H  A  S  E  B  E  C  I  N  O  Q  O  V  U
O  B  K  T  I  R  N  S  I  C  İ  A  L  L  G  K
N  A  O  P  T  I  A  C  B  R  R  D  S  O  R  A
O  Ç  Z  R  Ş  A  H  Q  I  E  M  C  K  G  T
R  K  G  N  R  M  J  Y  S  M  T  T  M  İ  P  U
T  A  V  G  Z  E  B  H  R  A  E  V  Y  S  P  D
S  C  L  J  K  H  R  I  D  T  V  J  E  P  G  E
A  I  H  A  R  I  T  A  C  I  K  Y  K  M  P  O
```

DOKTOR	HEMŞİRE
ASTRONOM	SANATÇI
BANKACI	TAMİRCİ
BÜYÜKELÇİ	MÜZİSYEN
MUHASEBECİ	PİYANİST
JEOLOG	PSİKOLOG
AVCI	AVUKAT
KUYUMCU	DANSÇI
HARITACI	VETERİNER
TESİSATÇI	KOÇ

89 - Adjektive #1

```
M  P  U  Y  J  I  L  M  E  N  Ö  Z  U  U  N  N
O  G  Ö  Z  D  E  Ş  O  Ç  R  M  F  T  L  G  I
Q  L  U  T  K  R  P  D  S  E  V  Y  B  I  G  Y
L  N  C  O  L  M  S  E  J  T  K  N  M  Y  N  O
K  J  Y  N  B  I  R  V  C  S  I  P  D  E  O
İ  A  G  A  O  L  D  N  R  Z  Z  R  C  C  I  G
T  C  R  M  K  L  A  M  U  P  K  E  R  I  L  C
A  O  L  A  S  T  A  N  A  S  H  D  Y  A  U  H
M  J  E  C  N  I  L  T  T  S  Ü  R  Ü  D  J  E
O  G  B  O  I  L  E  Z  Ü  G  U  L  T  U  M  A
R  I  I  K  K  R  I  A  Ğ  I  R  M  Z  R  U  R
A  L  O  K  T  E  A  K  K  U  S  U  R  S  U  Z
B  R  T  I  E  Ğ  L  L  Y  G  K  N  Q  V  Y  L
Y  A  V  A  Ş  E  M  U  T  L  A  K  Z  O  G  R
O  O  H  Z  D  D  N  N  K  N  U  U  K  Y  Q  U
Y  L  Y  O  S  A  O  O  P  F  V  K  N  P  R  B
```

MUTLAK	YAVAŞ
ETKIN	MODERN
AROMATİK	KUSURSUZ
ÇEKICI	KOCAMAN
KARANLIK	GÜZEL
INCE	AĞIR
DÜRÜST	DERIN
MUTLU	MASUM
ÖZDEŞ	DEĞERLI
SANATSAL	ÖNEMLI

90 - Geometrie

```
B P S A K N L E E L T I K O Y M
M A N T I K A Ç I Ğ İ F O R G U
N U M A R A H R B J R N Ş A U Z
D L P F L J N V L H T I U N Y A
K N B E V G U V C H E A T P Ü H
R A H U F B Q Ç A P M J S O K O
M J R K Y Q D D T A İ S U I S E
B S S E Ü D B L Z C S O Q Z E D
Y Ö M C Z H E S A P L A M A K A
A Z L T E F T B Ü G V D E S L I
T R F Ü Y Y M O Ç T G V L O I R
A U H U M B T Y G M S Y K Y K E
Y Q D T I A U U E R H Y N V N H
Q T T E O R İ T N E E P E F B K
P L B U V Q P E O O O H D L F G
O N C S V J D C C H J U I D R Z
```

ORAN	MANTIK
HESAPLAMA	KITLE
BOYUT	NUMARA
ÜÇGEN	YÜZEY
ÇAP	KOŞUT
DENKLEM	KARE
YATAY	BÖLÜM
YÜKSEKLIK	SİMETRİ
DAIRE	TEORİ
EĞRI	AÇI

91 - Jazz

```
G  M  P  U  S  Z  C  Y  P  F  E  A  M  D  T  B
P  M  O  M  B  G  R  E  A  A  U  E  Ü  D  J  P
Q  K  Ü  Q  D  C  Y  T  L  E  F  T  Z  D  P  E
G  Z  K  Z  M  D  Q  E  K  E  V  M  İ  G  J  N
K  Q  D  Q  I  F  M  N  I  K  H  C  S  Y  A  Ş
K  Z  U  P  R  K  Y  E  Ş  R  H  Y  Y  P  M  L
H  R  O  A  E  U  A  K  S  C  E  E  S  A  C
Ü  N  L  Ü  S  A  N  A  T  Ç  I  A  N  K  L  V
D  N  O  F  N  C  Y  E  A  A  C  Z  L  L  Ç  B
R  F  S  Q  O  R  E  J  E  R  E  İ  E  L  A  F
Q  N  E  K  K  K  N  Y  M  İ  T  İ  R  T  Ğ  L
A  Ş  A  R  K  I  I  O  A  K  S  S  Z  Ü  O  R
L  T  E  K  N  İ  K  Q  K  F  E  B  E  R  D  H
B  Z  I  J  T  P  I  P  F  I  B  Z  K  K  Q  F
Ü  K  O  M  P  O  Z  I  S  Y  O  N  T  A  R  Z
M  Q  I  Z  J  K  I  J  L  R  L  P  B  Q  F  O
```

ALBÜM	MÜZIK
YAŞ	MÜZİSYENLER
ALKIŞ	YENI
ÜNLÜ	ORKESTRA
TÜR	RİTİM
DOĞAÇLAMA	SOLO
BESTECI	TARZ
KONSER	YETENEK
SANATÇI	TEKNİK
ŞARKI	KOMPOZISYON

92 - Mathematik

```
Z P T D K E S I R D G O K R O N
K F I H I Q A Z V D E E Ü Z Y J
D S I I A K I L A D N O R N B E
Q F E Z C C D R F V O R E M D Y
Ç Q R U T G I Ö U Y Y F S P Y L
J O J K A R E M R H C J P E A A
F L K N M O H İ R T E M İ S R Ç
M I A G A G F J S U G Q J Ü I I
T İ R T E M O E G Ş O E D H Ç L
Ü Ç G E N N C P Z O E N N G A A
S F L K S H M V A K U Z B V P R
K S U K P Y A D E N K L E M A G
P A R A L E L K E N A R R B Ç Y
V Q Q O T N P B N B I P V C H R
N V Q O E O O J O V R J E B V A
A R İ T M E T İ K U A B Ç P G I
```

ARİTMETİK   PARALELKENAR
KESIR   ÇOKGEN
ONDALIK   KARE
ÜÇGEN   YARIÇAP
ÇAP   DIKDÖRTGEN
ÜS   TOPLAM
GEOMETRİ   SİMETRİ
DENKLEM   ÇEVRE
KÜRE   HACIM
KOŞUT   AÇILAR

93 - Messungen

```
U  H  P  İ  E  O  K  I  L  Ş  İ  N  E  G  D  J
O  P  U  I  V  G  N  O  T  İ  L  C  C  F  A  U
H  B  T  A  K  E  E  S  F  D  T  D  E  J  K  J
K  İ  L  O  M  E  T  R  E  A  G  R  R  C  İ  P
I  O  N  D  A  L  I  K  L  A  C  U  E  Z  K  O
L  Y  O  M  A  R  G  O  L  İ  K  Ç  D  I  A  F
K  U  G  I  E  R  T  E  M  İ  T  N  A  S  C  Z
E  D  O  C  A  T  Y  A  B  S  Z  İ  E  M  Q  C
S  L  M  A  R  G  R  D  L  T  O  Q  H  P  F  Z
K  G  R  H  N  Q  T  E  K  I  L  R  I  Ğ  A  Z
Ü  K  P  N  N  P  L  Y  U  A  O  A  K  P  G  O
Y  K  I  K  D  P  P  V  L  R  B  U  I  O  Z  B
G  K  G  N  D  E  R  I  N  L  I  K  T  K  U  G
D  C  G  C  B  L  A  M  U  N  N  O  L  U  F  I
H  M  F  G  E  H  J  N  Z  D  I  F  E  I  H  I
M  V  E  J  I  A  T  P  U  U  Y  J  C  P  J  J
```

GENIŞLIK	LİTRE
BAYT	KITLE
ONDALIK	METRE
AĞIRLIK	DAKİKA
DERECE	DERINLIK
GRAM	TON
YÜKSEKLIK	ONS
KİLOGRAM	HACIM
KİLOMETRE	SANTİMETRE
UZUNLUK	İNÇ

94 - Boxen

```
H B B P O O S G M L E Ç O Q P I
D B V A M A A P H C L Ş E E B D
C I N M I Y V Z V R D F Ö N S E
T L J S A N A V J E I Q T K E M
P S Y K H V Ş H J S V Q H E Z A
H I Z L I N Ç A G S E T T S T E
H K K E Q G I H K J N U E R Y K
I U A A S F R L E Z L P K I P V
A R D U R Z E Q E R E O M D J G
A T O B C Z C T C R R A E R N S
N A O M K I E Y R R A D L P V O
U R T Q T D B Z M F D Z E K V A
G M K U V V E T O C P I M C P A
R A H A K E M T V N Z L E G L C
O I P U C A I R O G G O K Z Q P
Y U M R U K B V Ü C U T A L A H
```

KÖŞE	SAVAŞÇI
DIRSEK	TEKMELEMEK
YORGUN	ÇENE
YUMRUK	VÜCUT
BECERI	KURTARMA
ODAK	HAKEM
RAKIP	HIZLI
ZIL	HALAT
ELDIVENLER	KUVVET

95 - Psychologie

```
B  Y  U  S  N  L  U  I  S  K  V  S  B  D  Q  O
V  N  E  Y  K  A  V  U  O  V  S  C  I  G  L  A
N  F  K  G  A  B  U  T  R  Z  Z  V  L  T  B  F
B  N  B  K  O  E  F  N  U  S  Y  Z  I  E  I  İ
K  I  Ş  İ  L  İ  K  S  N  O  R  G  Ş  R  L  K
D  E  Ğ  E  R  L  E  N  D  I  R  M  E  A  I  İ
B  İ  L  İ  N  Ç  A  L  T  I  E  H  T  P  N  R
D  Ü  Ş  Ü  N  C  E  L  E  R  L  T  K  İ  Ç  L
T  K  R  O  T  R  J  J  G  O  İ  R  I  Ç  S  E
U  K  R  A  A  D  U  Z  T  H  K  Z  L  O  I  R
K  M  Ş  I  N  A  R  V  A  D  T  Z  K  C  Z  M
U  L  Y  Z  D  D  R  C  R  E  E  P  E  U  N  I
A  A  İ  F  M  A  E  M  Ş  I  K  E  Ç  K  E  L
O  Y  E  N  B  R  H  V  Y  J  Z  Z  R  L  Q  D
F  A  A  M  İ  G  P  F  U  J  F  B  E  U  N  D
T  H  M  M  N  K  H  I  S  I  F  Q  G  K  H  L
```

DEĞERLENDIRME	KIŞILIK
BILINÇSIZ	SORUN
EGO	HIS
ETKİLER	RANDEVU
DÜŞÜNCELER	TERAPİ
FİKİRLER	HAYAL
ÇOCUKLUK	BİLİNÇALTI
KLİNİK	DAVRANIŞ
BILIŞ	ALGI
ÇEKIŞME	GERÇEKLIK

96 - Bauernhof #2

```
K Y I L Q A Y A N A Y N U J E Q
H F T G E O H B O D Z F C O P V
L B B O L G U N A C G B S J H B
B N M L Z D O G E O L L E L E U
R E V Y E M N B K Z N A B O Ç Ğ
N E Ç I F T Ç I D P C M Z H V D
J K V H R Ö T K A R T A E R V A
K O M F A M A L U S A M V V O Y
U V E D L B P K F Q M H G B A F
Z A U Y N Ö R D E K S V I T M N
U N U K A T A C M Y Ü U L R I Y
G R M H V K O Y U N T Q Z I S M
Y A C P Y K Q K N J O U H Y I J
L I Q P A H D C V S J S L A R A
H G I Q H V I E I S Y R Z Ç R H
A U F B I J B Z P N Q A L K T J
```

ÇIFTÇI	SÜT
SULAMA	BAHÇE
KOVAN	OLGUN
ÖRDEK	KOYUN
MEYVE	ÇOBAN
SEBZE	AHIR
ARPA	HAYVANLAR
LAMA	TRAKTÖR
KUZU	BUĞDAY
MISIR	ÇAYIR

97 - Gartenarbeit

```
V Q H Y N R B L Y H B B Y I D V
P O Y N I J J V V O M P E Q R O
M G A O E G Z Q N R L S N V C K
V K Z R Q M E B N T I I D O Q
B O T A N İ K U D U S K L V A H
L K İ L L İ Ş E Y M Y I E K C Y
B A H Ç E I Y J O H B K B U C Y
V R R E N Y E T N O K L I Z Z C
K P P G Z P F F E O A I L S R O
M O S Z F N H G F U R M I Y Z L
B T S O P M O K L S P U R N A C
B Z M T L V F C T C A H G E D P
B U U I M G P R R H Y O P A N Y
V D K K E Ç İ Ç G I U T R J S C
N C V E G L N I H U Z U Y R H E
M U E J T K Y M E V S İ M L İ K
```

YAPRAK	KOMPOST
ÇİÇEK	YEŞİLLİK
TOPRAK	BAHÇE
BOTANİK	TOHUM
KONTEYNER	MEVSİMLİK
YENILEBILIR	HORTUM
EGZOTIK	KIR
NEM	BUKET
IKLIM	SU

98 - Berufe #2

```
D  B  E  F  Z  O  F  M  M  K  G  T  I  C  U  M
İ  İ  I  G  O  Z  P  İ  L  O  T  Q  K  E  N  A
L  Y  C  F  O  R  I  Q  L  F  Q  B  Q  R  M  S
B  O  A  H  L  N  J  E  P  D  D  Z  F  R  A  S
İ  L  M  L  O  C  O  N  A  V  I  Ç  H  A  B  E
L  O  R  Ü  G  N  P  K  G  A  K  Ç  P  H  O  R
İ  G  I  V  H  G  V  Y  B  H  N  G  Ş  J  D  E
M  U  T  M  N  E  M  T  E  R  Ğ  Ö  B  I  J  Z
C  R  Ş  P  K  C  N  F  İ  L  O  Z  O  F  D  I
İ  S  A  R  Q  V  K  D  J  A  H  V  U  N  G  Ç
Q  D  R  O  T  K  O  D  I  C  E  T  E  Z  A  G
U  I  A  I  D  C  Z  H  C  S  K  Q  G  D  F  B
A  S  T  R  O  N  O  T  T  D  G  C  Z  P  U  Z
K  Ü  T  Ü  P  H  A  N  E  U  Q  F  M  P  Z  B
H  L  A  D  D  E  D  E  K  T  İ  F  E  D  Q  Y
F  O  T  O  Ğ  R  A  F  Ç  I  Z  D  E  K  I  Y
```

DOKTOR
ASTRONOT
KÜTÜPHANE
BİYOLOG
CERRAH
DEDEKTİF
MUCIT
ARAŞTIRMACI
FOTOĞRAFÇI
BAHÇIVAN

ÇIZER
MÜHENDIS
GAZETECI
ÖĞRETMEN
DİLBİLİMCİ
RESSAM
FİLOZOF
PİLOT
DIŞÇI
ZOOLOG

99 - Wetter

```
T  K  Y  T  C  D  F  P  U  D  E  H  S  Z  R  C
M  U  D  R  U  V  V  E  M  N  M  Z  A  U  Ü  Z
Q  R  F  O  F  Y  K  P  L  İ  F  L  H  S  Z  I
I  U  A  P  I  D  F  C  S  G  S  İ  E  A  G  L
N  K  Q  İ  I  Q  G  L  H  Z  J  P  G  U  Â  G
K  I  L  K  A  C  I  S  U  T  S  E  N  A  R  J
S  İ  S  I  T  N  I  S  E  K  A  S  I  R  G  A
C  D  E  L  M  K  U  T  U  P  O  G  R  T  U  C
G  Ö  K  K  U  Ş  A  Ğ  I  D  S  O  F  Z  O  Y
S  Z  I  A  G  Ö  K  G  Ü  R  Ü  L  T  Ü  S  Ü
J  E  A  R  N  A  L  U  G  Ö  K  Y  Ü  Z  Ü  H
U  F  L  U  M  I  R  I  D  L  I  Y  J  T  P  D
E  E  V  K  K  U  T  G  A  T  M  O  S  F  E  R
C  Z  B  U  L  U  T  R  Q  T  L  R  K  T  N  J
M  U  S  O  N  M  G  A  I  A  F  D  B  D  Q  J
P  B  Z  L  J  K  N  Q  N  F  M  Y  E  L  H  E
```

ATMOSFER	SİS
YILDIRIM	KUTUP
ESINTI	GÖKKUŞAĞI
GÖK GÜRÜLTÜSÜ	FIRTINA
KURAKLIK	SICAKLIK
BUZ	KASIRGA
SEL	KURU
GÖKYÜZÜ	TROPİK
IKLIM	RÜZGÂR
MUSON	BULUT

100 - Chemie

```
I  N  D  V  Z  T  G  H  Q  Q  T  T  I  C  K  G
I  O  A  V  M  Q  L  B  A  R  U  Y  D  J  A  O
B  M  İ  Z  N  E  B  R  R  D  R  J  J  Q  T  N
S  O  Y  A  K  H  D  V  K  I  U  D  S  P  A  Ü
R  L  H  G  J  H  M  Z  K  A  T  Z  I  L  L  K
R  E  H  V  F  S  F  S  İ  T  R  R  V  B  İ  L
E  K  O  K  S  İ  J  E  N  İ  U  B  I  U  Z  E
A  Ü  I  S  I  M  P  D  A  Y  O  Z  O  U  Ö  E
K  L  H  L  K  F  J  J  G  O  H  K  Z  N  R  R
S  A  İ  C  R  Q  C  M  R  N  D  J  O  Z  O  V
I  L  D  D  R  I  D  N  O  E  F  D  J  M  L  R
Y  K  R  T  I  G  Ğ  S  I  C  A  K  L  I  K  L
O  A  O  P  T  İ  S  A  E  L  E  K  T  R  O  N
N  L  J  C  H  A  G  G  Y  J  R  F  O  Q  E  K
V  İ  E  P  N  C  U  B  U  Z  A  M  D  M  Y  Q
U  S  N  J  M  Z  D  D  L  C  G  H  Q  F  I  A
```

ALKALİ	KARBON
KLOR	MOLEKÜL
ELEKTRON	NÜKLEER
ENZİM	ORGANİK
SIVI	REAKSIYON
GAZ	TUZ
AĞIRLIK	OKSİJEN
ISI	ASİT
İYON	SICAKLIK
KATALİZÖR	HİDROJEN

1 - Gesundheit und Wellness #2

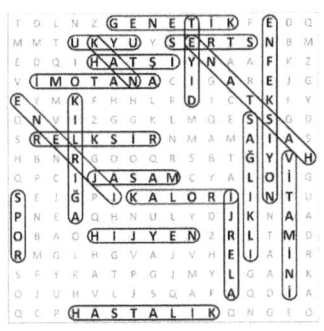

2 - Ozean

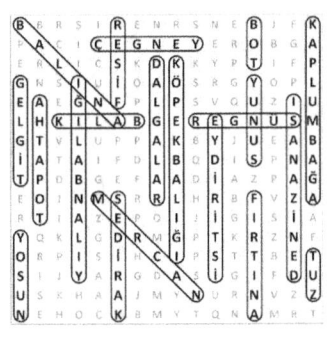

3 - Krankheit

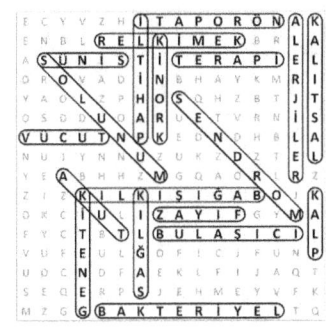

4 - Meditation

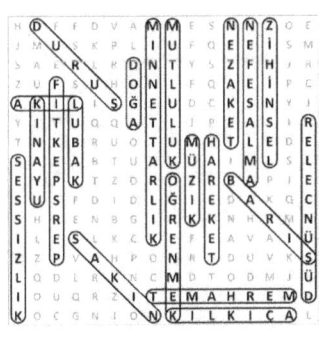

5 - Archäologie

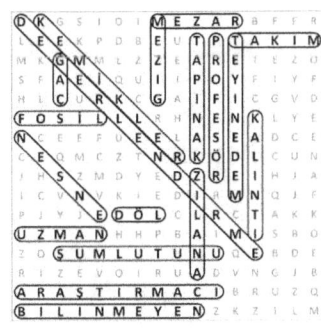

6 - Gesundheit und Wellness #1

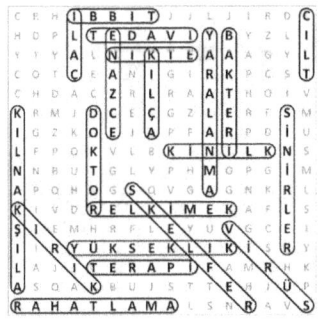

7 - Obst

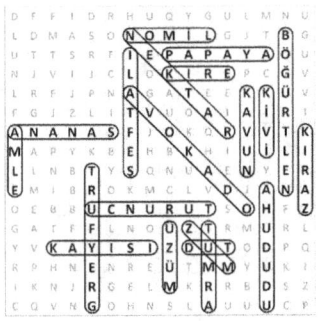

8 - Universum

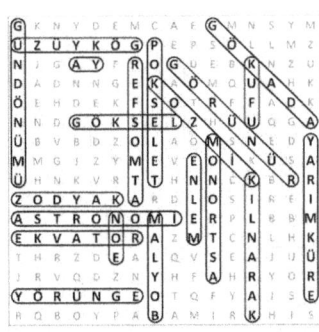

9 - Camping

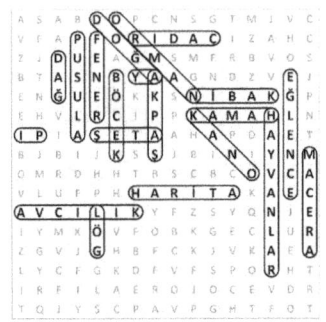

10 - Zeit

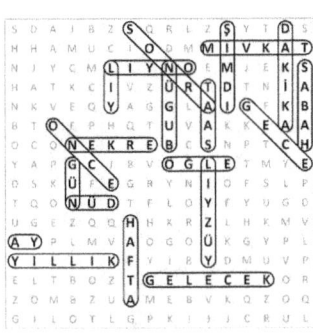

11 - Säugetiere

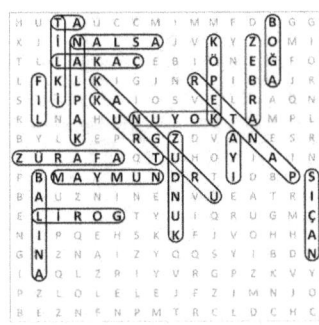

12 - Algebra

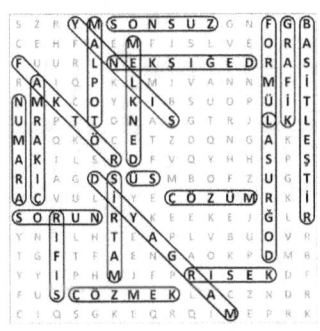

13 - Diplomatie

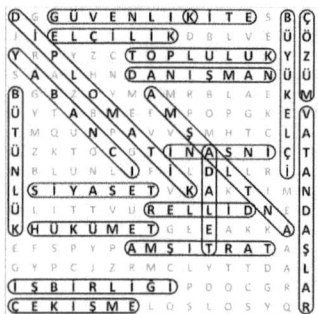

14 - Astronomie

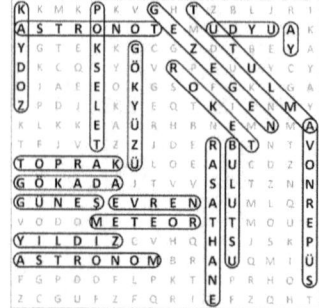

15 - Ballett

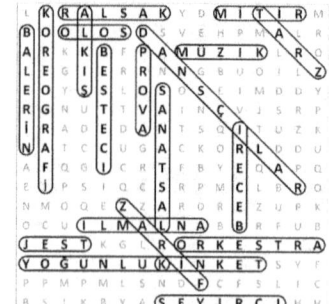

16 - Strand

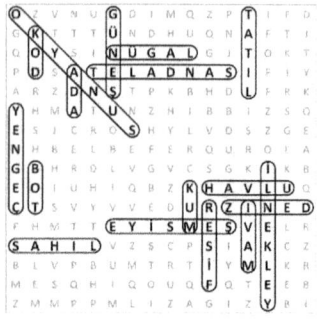

17 - Geologie

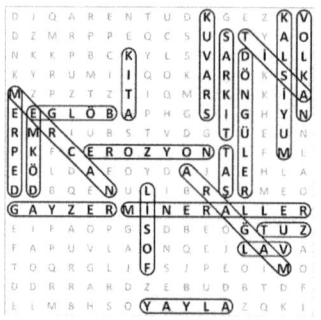

18 - Wissenschaft

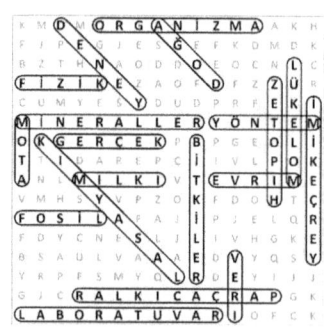

19 - Sport

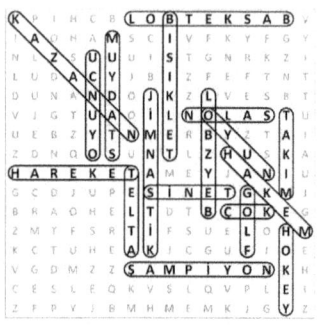

20 - Mythologie

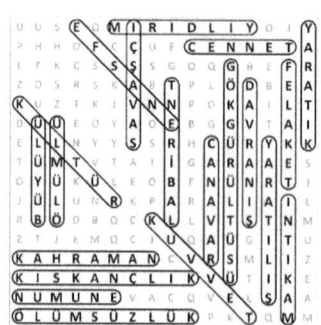

21 - Kraft und Schwerkraft

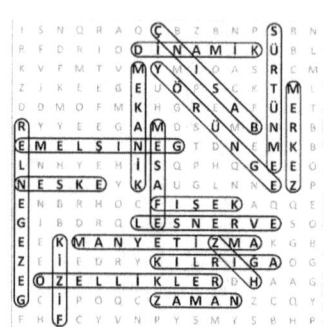

22 - Restaurant #2

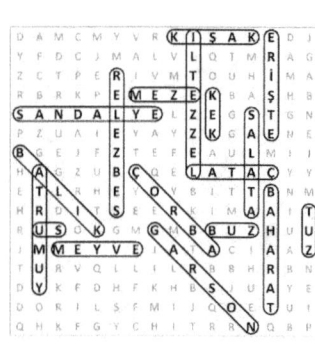

23 - Schokolade

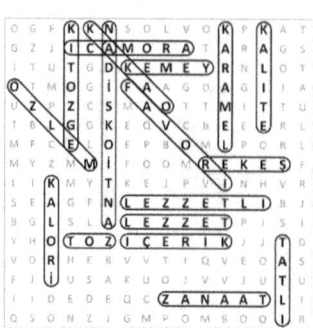

24 - Boote

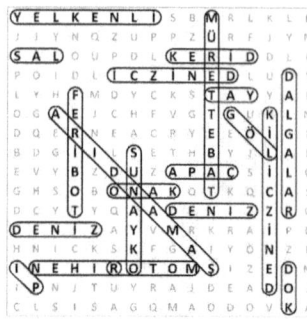

25 - Stadt

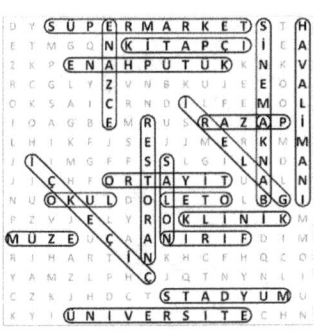

26 - Aktivitäten

27 - Bienen

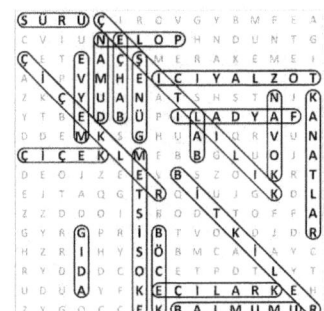

28 - Wissenschaftliche

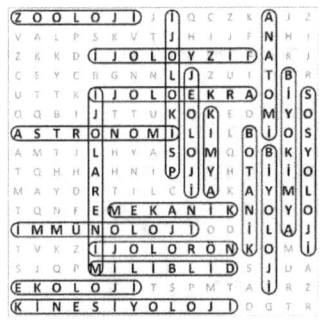

29 - Vögel

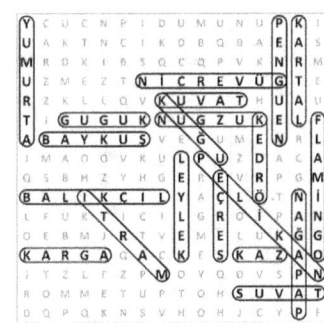

30 - Biologie

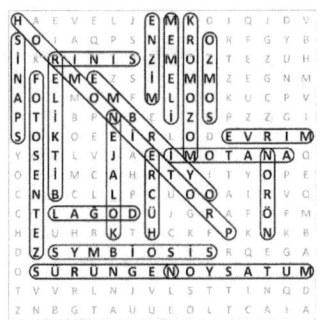

31 - Garten

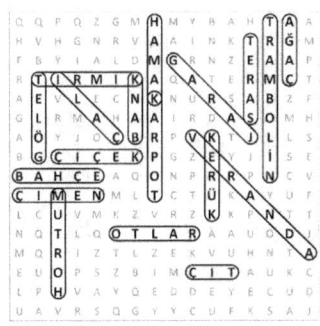

32 - Antarktis

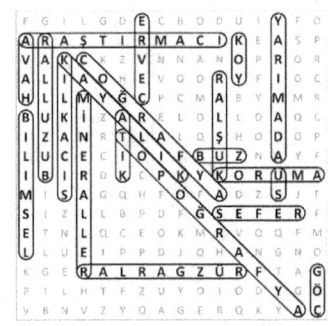

33 - Fahren

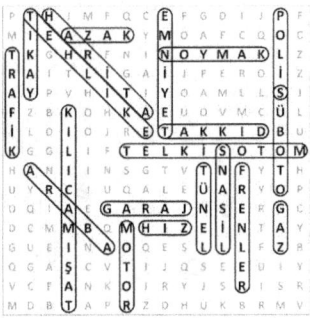

34 - Physik

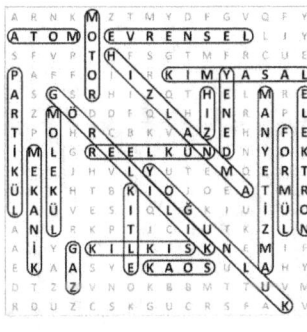

35 - Bücher

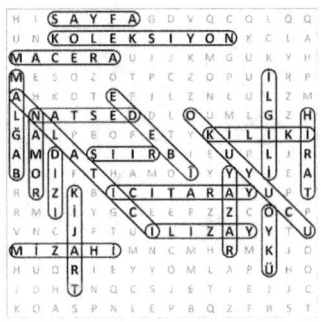

36 - Menschlicher Körper

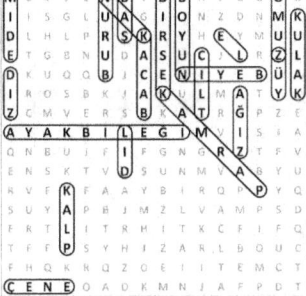

37 - Agronomie

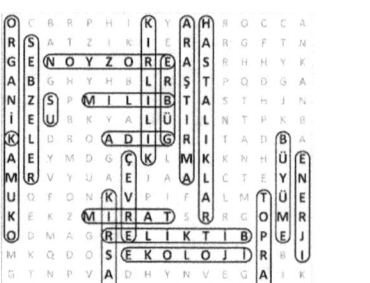

38 - Landschaften

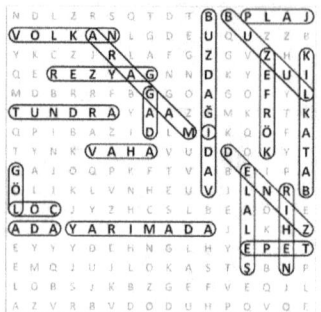

39 - Abenteuer

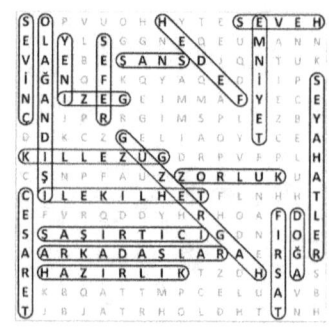

40 - Flugzeuge

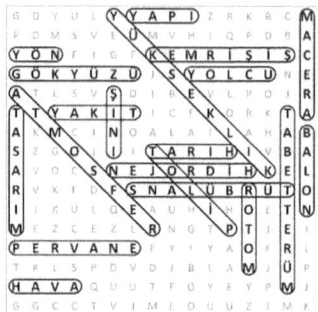

41 - Haartypen

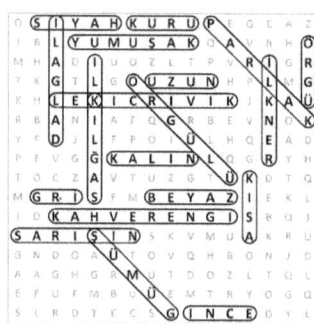

42 - Essen #1

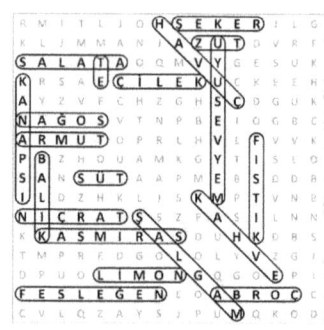

43 - Ethik

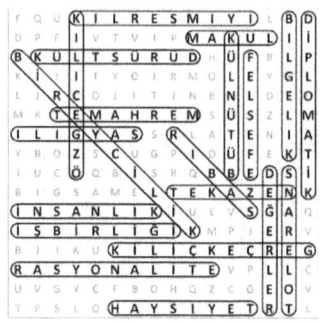

44 - Gebäude

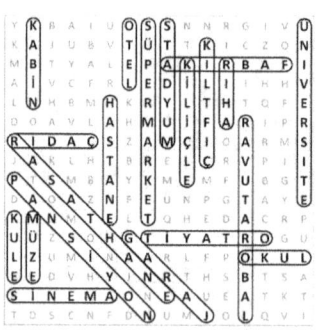

45 - Essen #2

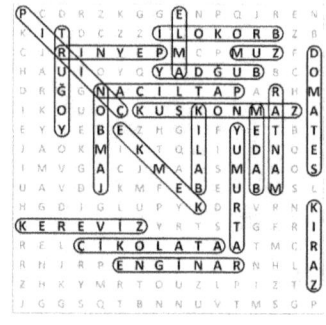

46 - Energie

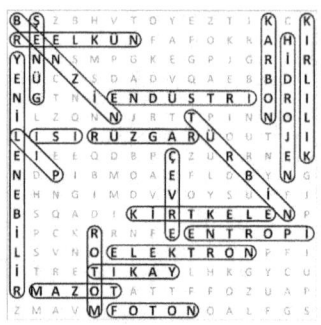

47 - Familie

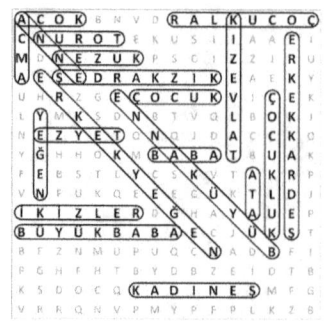

48 - Pflanzen

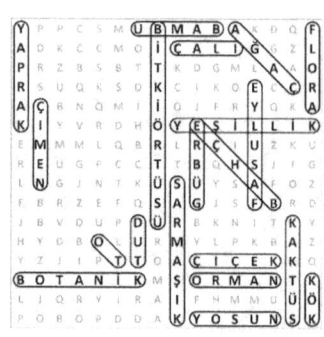

49 - Gewürze

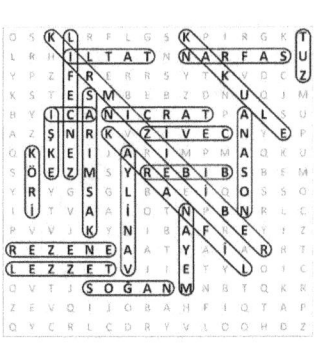

50 - Geschäft

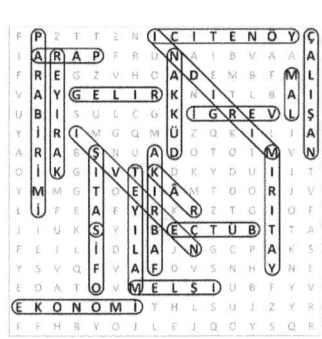

51 - Ingenieurwesen

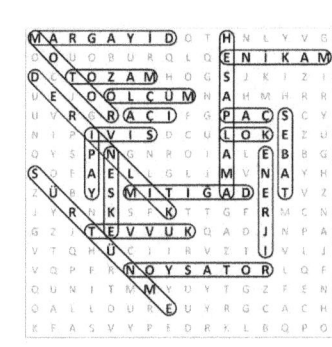

52 - Gemüse

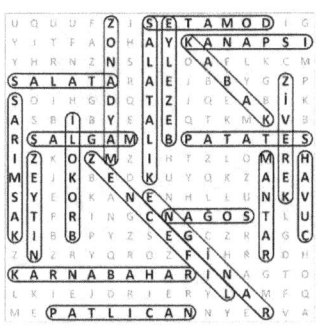

53 - Schönheit

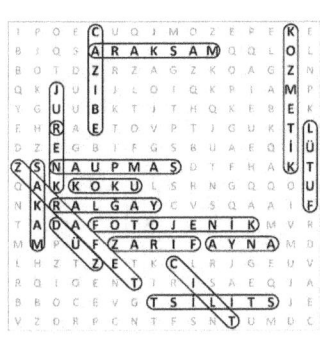

54 - Tanzen

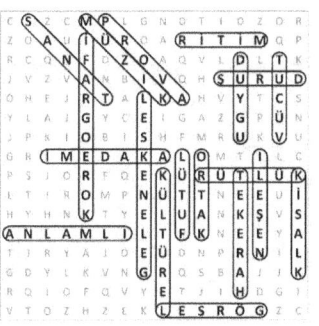

55 - Ernährung

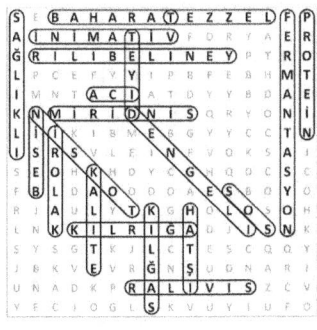

56 - Länder #1

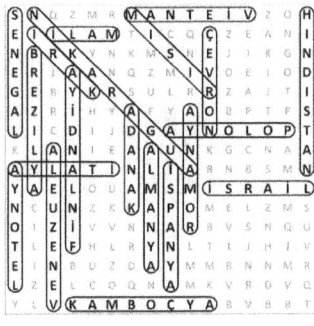

57 - Technologie

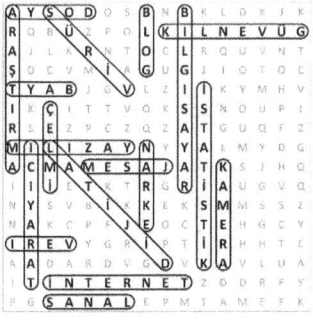

58 - Wasser

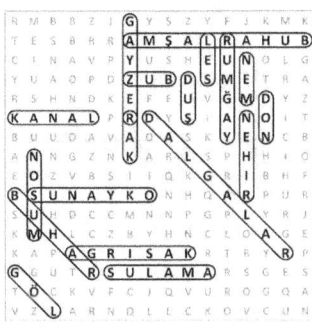

59 - Science Fiction

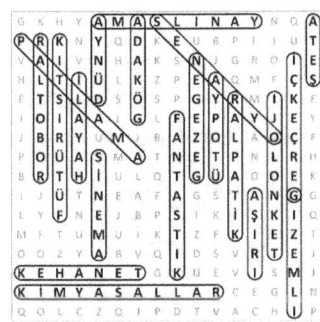

60 - Literatur

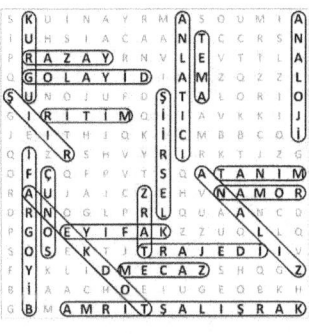

61 - Wandern

62 - Globale Erwärmung

63 - Länder #2

64 - Fahrzeuge

65 - Musikinstrumente

66 - Blumen

67 - Natur

68 - Urlaub #2

69 - Barbecues

70 - Geographie

71 - Zahlen

72 - Kunst Liefert

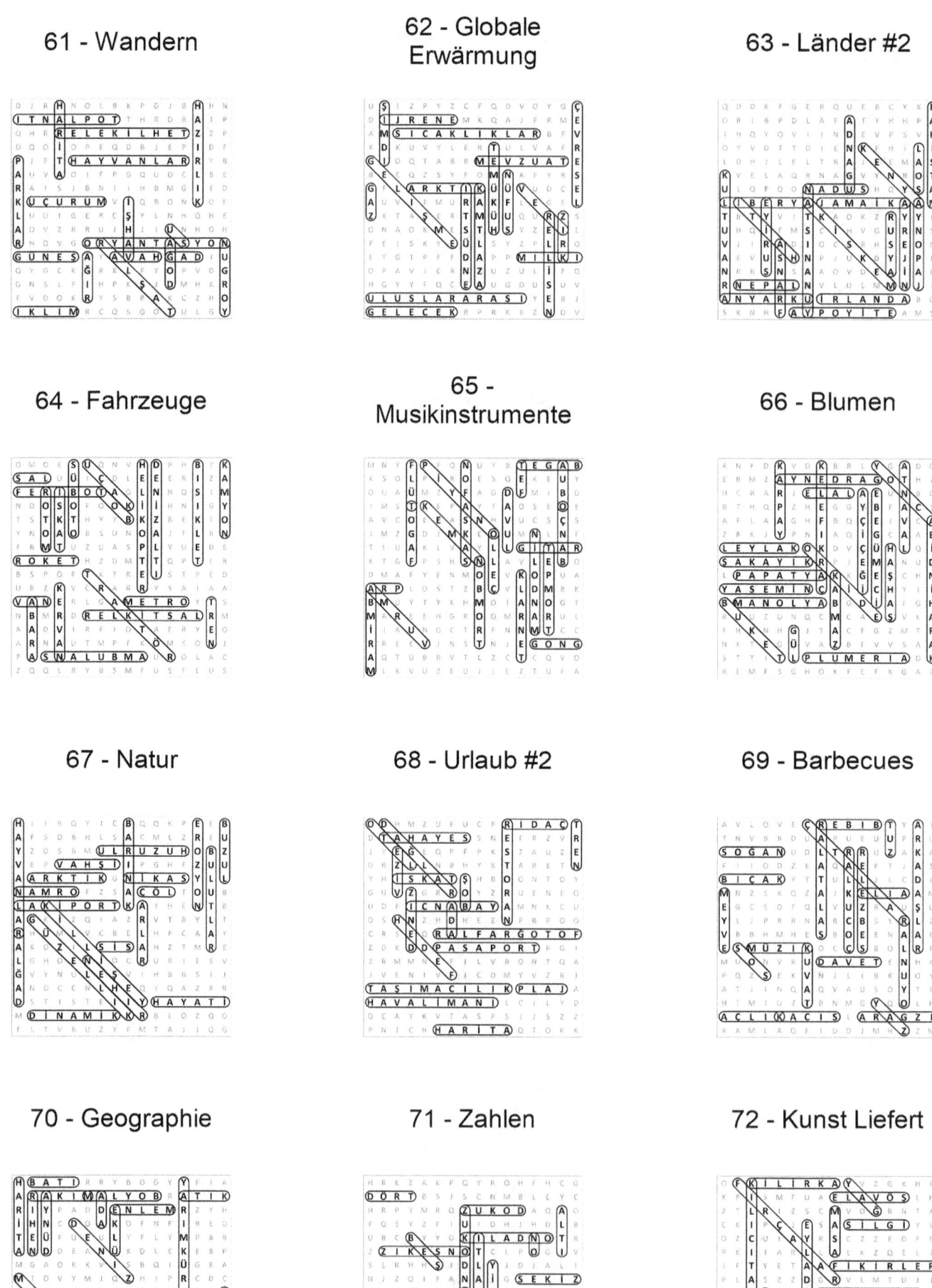

73 - Tage und Monate

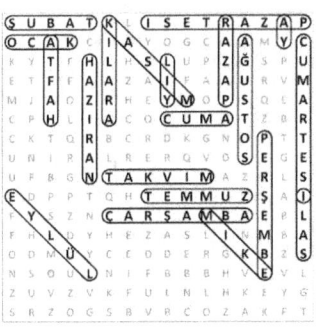

74 - Emotionen

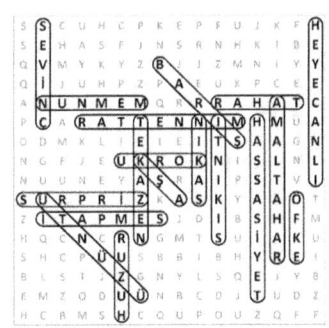

75 - Zu Füllen

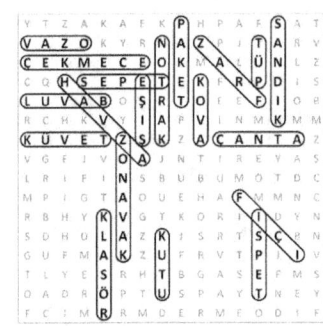

76 - Das Unternehmen

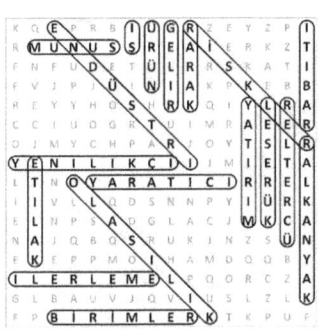

77 - Kräuterkunde

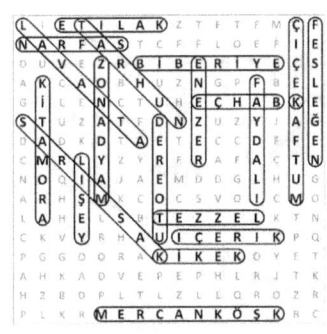

78 - Aktivitäten und Freizeit

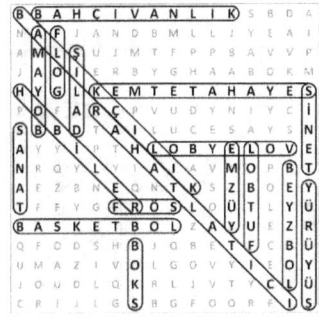

79 - Formen

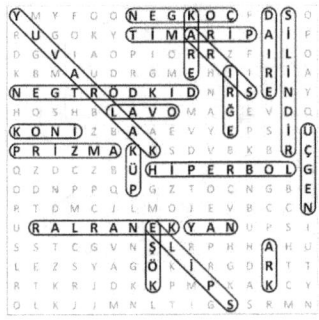

80 - Musik

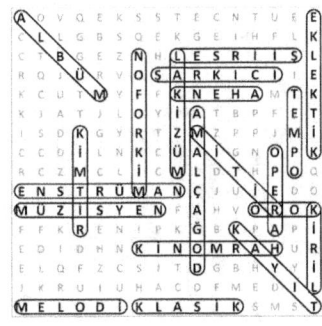

81 - Antiquitäten

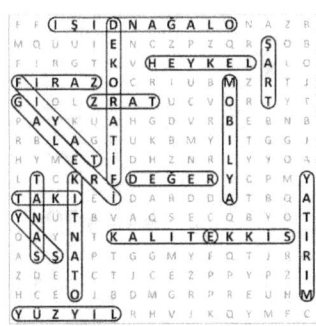

82 - Adjektive #2

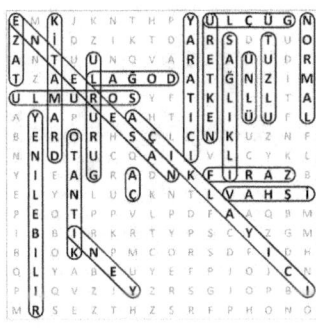

83 - Kleidung

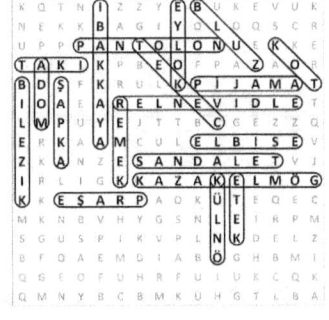

84 - Politik

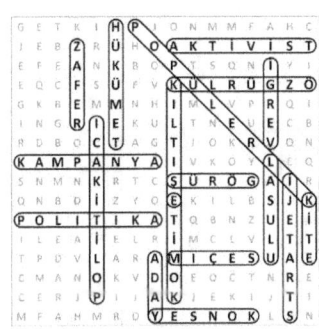

85 - Haus

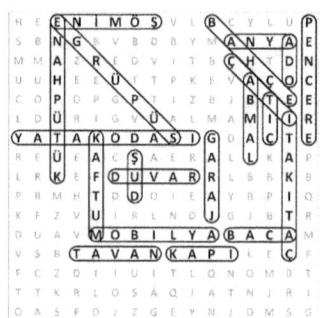

86 - Bauernhof #1

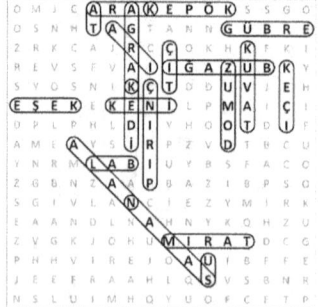

87 - Regierung

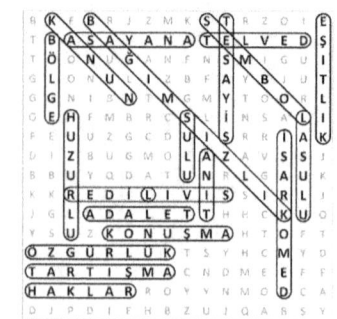

88 - Berufe #1

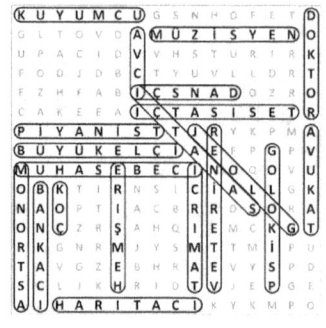

89 - Adjektive #1

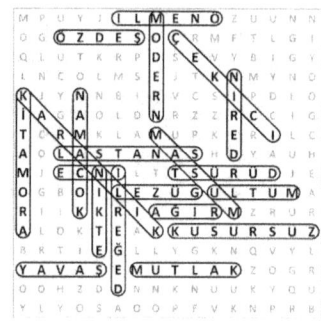

90 - Geometrie

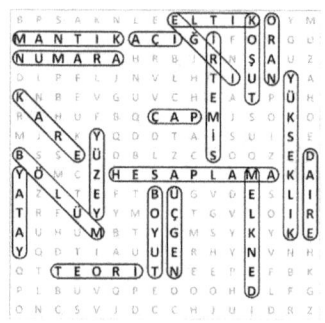

91 - Jazz

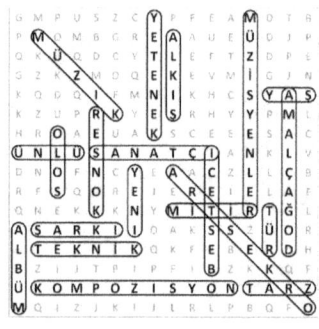

92 - Mathematik

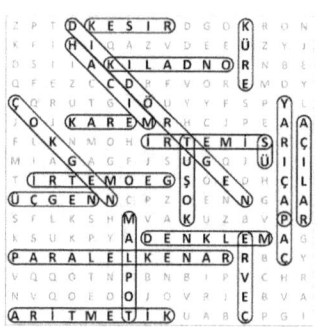

93 - Messungen

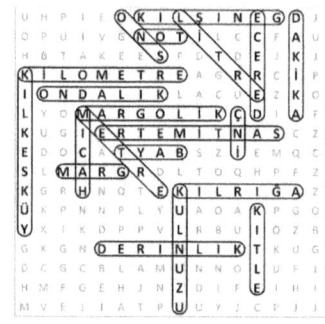

94 - Boxen

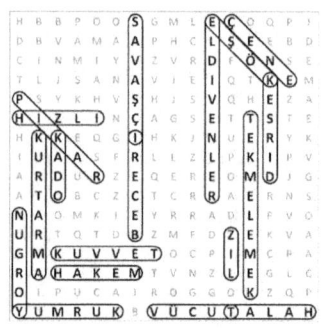

95 - Psychologie

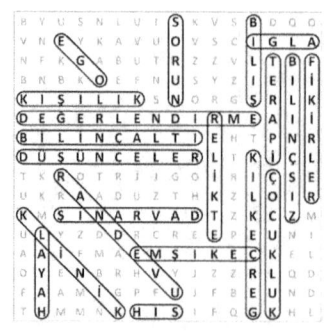

96 - Bauernhof #2

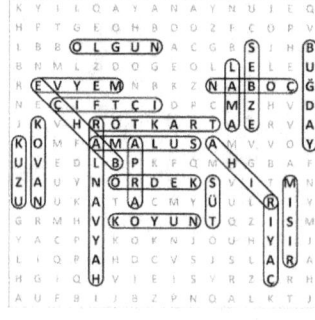

97 - Gartenarbeit

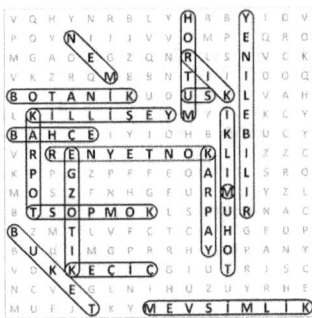

98 - Berufe #2

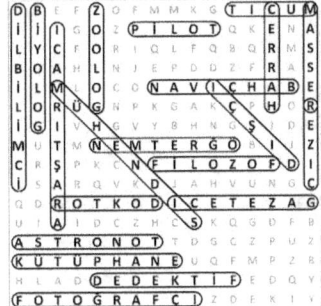

99 - Wetter

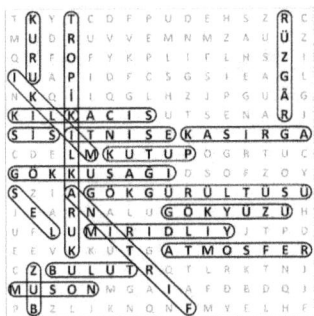

100 - Chemie

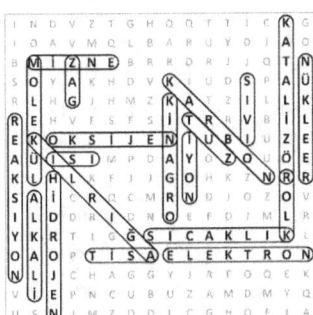

Wörterbuch

Abenteuer
Macera

Ausflug	Gezi
Begeisterung	Heves
Chance	Şans
Freude	Sevinç
Freunde	Arkadaşlar
Gefährlich	Tehlikeli
Gelegenheit	Firsat
Natur	Doğa
Navigation	Sefer
Neu	Yeni
Reisen	Seyahatler
Route	Güzergah
Schönheit	Güzellik
Schwierigkeit	Zorluk
Sicherheit	Emniyet
Tapferkeit	Cesaret
Ungewöhnlich	Olağan Dişi
Überraschend	Şaşirtici
Vorbereitung	Hazirlik
Ziel	Hedef

Adjektive #1
Sıfatlar #1

Absolut	Mutlak
Aktiv	Etkin
Aromatisch	Aromatik
Attraktiv	Çekici
Dunkel	Karanlik
Dünn	Ince
Ehrlich	Dürüst
Glücklich	Mutlu
Identisch	Özdeş
Künstlerisch	Sanatsal
Langsam	Yavaş
Modern	Modern
Perfekt	Kusursuz
Riesig	Kocaman
Schön	Güzel
Schwer	Ağir
Tief	Derin
Unschuldig	Masum
Wertvoll	Değerli
Wichtig	Önemli

Adjektive #2
Sıfatlar #2

Authentisch	Otantik
Berühmt	Ünlü
Beschreibend	Açiklayici
Dramatisch	Dramatik
Elegant	Zarif
Essbar	Yenilebilir
Frisch	Taze
Gesund	Sağlikli
Hungrig	Aç
Interessant	Enteresan
Kreativ	Yaratici
Natürlich	Doğal
Neu	Yeni
Normal	Normal
Produktiv	Üretken
Salzig	Tuzlu
Stark	Güçlü
Stolz	Gururlu
Verantwortlich	Sorumlu
Wild	Vahşi

Agronomie
Tarım

Boden	Toprak
Dünger	Gübre
Energie	Enerji
Erosion	Erozyon
Essen	Gida
Forschung	Araştirma
Gemüse	Sebzeler
Krankheit	Hastaliklar
Landwirtschaft	Tarim
Ländlich	Kirsal
Organisch	Organik
Ökologie	Ekoloji
Pflanzen	Bitkiler
Produktion	Yapim
Studie	Okumak
Umwelt	Çevre
Verschmutzung	Kirlilik
Wachstum	Büyüme
Wasser	Su
Wissenschaft	Bilim

Aktivitäten
Etkinlikler

Angeln	Balikçilik
Entspannung	Rahatlama
Fähigkeit	Beceri
Fotografie	Fotoğrafçilik
Freizeit	Boş
Gartenarbeit	Bahçivanlik
Gemälde	Boyama
Jagd	Avcilik
Keramik	Seramik
Kunst	Sanat
Lesen	Okuma
Magie	Sihir
Nähen	Dikiş
Spiele	Oyunlar
Stricken	Örme
Tanzen	Dans
Vergnügen	Zevk
Wandern	Yürüyüş

Aktivitäten und Freizeit
Aktiviteler ve boş Zaman

Angeln	Balikçilik
Baseball	Beyzbol
Basketball	Basketbol
Boxen	Boks
Entspannend	Rahatlatici
Fussball	Futbol
Gartenarbeit	Bahçivanlik
Gemälde	Boyama
Golf	Golf
Hobbies	Hobiler
Kunst	Sanat
Reise	Seyahat Etmek
Schwimmen	Yüzme
Surfen	Sörf
Tauchen	Daliş
Tennis	Tenis
Volleyball	Voleybol
Wandern	Yürüyüş

Algebra
Cebir

Bruchteil	Kesir
Diagramm	Diyagram
Exponent	Üs
Faktor	Faktör
Falsch	Yanliş
Formel	Formül
Gleichung	Denklem
Graph	Grafik
Linear	Doğrusal
Lösen	Çözmek
Lösung	Çözüm
Matrix	Matris
Null	Sifir
Nummer	Numara
Problem	Sorun
Subtraktion	Çikarma
Summe	Toplam
Unendlich	Sonsuz
Variable	Değişken
Vereinfachen	Basitleştir

Antarktis
Antarktika

Bucht	Koy
Eis	Buz
Erhaltung	Koruma
Expedition	Sefer
Felsig	Kayalik
Forscher	Araştirmaci
Geographie	Coğrafya
Gletscher	Buzullar
Halbinsel	Yarimada
Kontinent	Kita
Migration	Göç
Mineralien	Mineraller
Temperatur	Sicaklik
Topographie	Topoğrafya
Umwelt	Çevre
Vögel	Kuşlar
Wasser	Su
Wetter	Hava
Wind	Rüzgarlar
Wissenschaftlich	Bilimsel

Antiquitäten
Antikacılar

Alt	Yaş
Authentisch	Otantik
Dekorativ	Dekoratif
Elegant	Zarif
Galerie	Galeri
Investition	Yatirim
Jahrhundert	Yüzyil
Kunst	Sanat
Möbel	Mobilya
Münzen	Sikke
Preis	Fiyat
Qualität	Kalite
Schmuck	Taki
Skulptur	Heykel
Stil	Tarz
Ungewöhnlich	Olağan Dişi
Wert	Değer
Zustand	Şart

Archäologie
Arkeoloji

Analyse	Analiz
Auswertung	Değerlendirme
Ära	Çağ
Experte	Uzman
Forscher	Araştirmaci
Fossil	Fosil
Geheimnis	Gizem
Grab	Mezar
Knochen	Kemikler
Mannschaft	Takim
Nachkomme	Döl
Objekte	Nesne
Professor	Profesör
Relikt	Kalinti
Tempel	Tapinak
Unbekannt	Bilinmeyen
Vergessen	Unutulmuş
Zivilisation	Medeniyet

Astronomie
Astronomi

Astronaut	Astronot
Astronom	Astronom
Erde	Toprak
Finsternis	Tutulma
Galaxie	Gökada
Himmel	Gökyüzü
Konstellation	Takimyildiz
Meteor	Meteor
Mond	Ay
Nebel	Bulutsu
Observatorium	Rasathane
Planet	Gezegen
Rakete	Roket
Satellit	Uydu
Sonne	Güneş
Stern	Yildiz
Supernova	Süpernova
Teleskop	Teleskop
Tierkreis	Zodyak
Universum	Evren

Ballett
Bale

Anmutig	Zarif
Applaus	Alkiş
Ausdrucksvoll	Anlamli
Ballerina	Balerin
Choreographie	Koreografi
Fähigkeit	Beceri
Geste	Jest
Intensität	Yoğunluk
Komponist	Besteci
Künstlerisch	Sanatsal
Musik	Müzik
Muskel	Kaslar
Orchester	Orkestra
Probe	Prova
Publikum	Seyirci
Rhythmus	Ritim
Solo	Solo
Stil	Tarz
Tänzer	Dansçilar
Technik	Teknik

Barbecues
Barbeküler

Einladung	Davet
Familie	Aile
Freunde	Arkadaşlar
Frucht	Meyve
Gabeln	Çatallar
Gemüse	Sebzeler
Grill	Izgara
Heiss	Sicak
Huhn	Tavuk
Hunger	Açlik
Kinder	Çocuklar
Messer	Biçak
Musik	Müzik
Pfeffer	Biber
Salate	Salatalar
Salz	Tuz
Sommer	Yaz
Sosse	Sos
Spiele	Oyunlar
Zwiebeln	Soğan

Bauernhof #1
Çiftlik #1

Biene	Ari
Dünger	Gübre
Esel	Eşek
Feld	Alan
Heu	Saman
Honig	Bal
Huhn	Tavuk
Hund	Köpek
Kalb	Buzaği
Katze	Kedi
Krähe	Karga
Kuh	İnek
Land	Kara
Landwirtschaft	Tarim
Pferd	At
Reis	Pirinç
Schwein	Domuz
Wasser	Su
Zaun	Çit
Ziege	Keçi

Bauernhof #2
Çiftlik #2

Bauer	Çiftçi
Bewässerung	Sulama
Bienenstock	Kovan
Ente	Ördek
Frucht	Meyve
Gemüse	Sebze
Gerste	Arpa
Lama	Lama
Lamm	Kuzu
Mais	Misir
Milch	Süt
Obstgarten	Bahçe
Reif	Olgun
Schaf	Koyun
Schäfer	Çoban
Scheune	Ahir
Tiere	Hayvanlar
Traktor	Traktör
Weizen	Buğday
Wiese	Çayir

Berufe #1
Meslekler #1

Arzt	Doktor
Astronom	Astronom
Bankier	Bankaci
Botschafter	Büyükelçi
Buchhalter	Muhasebeci
Geologe	Jeolog
Jäger	Avci
Juwelier	Kuyumcu
Kartograph	Haritaci
Klempner	Tesisatçi
Krankenschwester	Hemşire
Künstler	Sanatçi
Mechaniker	Tamirci
Musiker	Müzisyen
Pianist	Piyanist
Psychologe	Psikolog
Rechtsanwalt	Avukat
Tänzer	Dansçi
Tierarzt	Veteriner
Trainer	Koç

Berufe #2
Meslekler #2

Arzt	Doktor
Astronaut	Astronot
Bibliothekar	Kütüphane
Biologe	Biyolog
Chirurg	Cerrah
Detektiv	Dedektif
Erfinder	Mucit
Forscher	Araştirmaci
Fotograf	Fotoğrafçi
Gärtner	Bahçivan
Illustrator	Çizer
Ingenieur	Mühendis
Journalist	Gazeteci
Lehrer	Öğretmen
Linguist	Dilbilimci
Maler	Ressam
Philosoph	Filozof
Pilot	Pilot
Zahnarzt	Dişçi
Zoologe	Zoolog

Bienen
Arılar

Bestäuber	Tozlayici
Bienenkorb	Kovan
Blumen	Çiçekler
Blüte	Çiçek
Essen	Gida
Flügel	Kanatlar
Frucht	Meyve
Garten	Bahçe
Honig	Bal
Insekt	Böcek
Königin	Kraliçe
Ökosystem	Ekosistem
Pflanzen	Bitkiler
Pollen	Polen
Rauch	Duman
Schwarm	Sürü
Sonne	Güneş
Vielfalt	Çeşitlilik
Vorteilhaft	Faydali
Wachs	Balmumu

Biologie
Biyoloji

Anatomie	Anatomi
Chromosom	Kromozom
Embryo	Embriyo
Enzym	Enzim
Evolution	Evrim
Hormon	Hormon
Kollagen	Kolajen
Mutation	Mutasyon
Natürlich	Doğal
Nerv	Sinir
Neuron	Nöron
Osmose	Ozmos
Pflanzen	Bitkiler
Photosynthese	Fotosentez
Protein	Protein
Reptil	Sürüngen
Säugetier	Memeli
Symbiose	Symbiosis
Synapse	Sinaps
Zelle	Hücre

Blumen
Çiçekler

Blütenblatt	Yaprak
Gardenie	Gardenya
Gänseblümchen	Papatya
Hibiskus	Ebegümeci
Jasmin	Yasemin
Klee	Yonca
Lavendel	Lavanta
Lila	Leylak
Lilie	Zambak
Löwenzahn	Karahindiba
Magnolie	Manolya
Mohn	Haşhaş
Orchidee	Orkide
Passionsblume	Çarkıfelek
Pfingstrose	Şakayık
Plumeria	Plumeria
Rose	Gül
Sonnenblume	Ayçiçeği
Strauss	Buket
Tulpe	Lale

Boote
Tekneler

Anker	Çapa
Boje	Şamandira
Crew	Mürettebat
Dock	Dok
Fähre	Feribot
Floss	Sal
Fluss	Nehir
Kanu	Kano
Maritim	Denizcilik
Mast	Direk
Meer	Deniz
Motor	Motor
Nautisch	Deniz
Ozean	Okyanus
See	Göl
Seemann	Denizci
Segelboot	Yelkenli
Seil	Ip
Wellen	Dalgalar
Yacht	Yat

Boxen
Kutulama

Ecke	Köşe
Ellbogen	Dirsek
Erschöpft	Yorgun
Faust	Yumruk
Fähigkeit	Beceri
Fokus	Odak
Gegner	Rakip
Glocke	Zil
Handschuhe	Eldivenler
Kämpfer	Savaşçı
Kick	Tekmelemek
Kinn	Çene
Körper	Vücut
Recovery	Kurtarma
Schiedsrichter	Hakem
Schnell	Hizli
Seile	Halat
Stärke	Kuvvet

Bücher
Kitaplar

Abenteuer	Macera
Autor	Yazar
Dualität	İkilik
Episch	Destan
Erfinderisch	Yaratici
Erzähler	Anlatici
Geschichte	Öykü
Geschrieben	Yazili
Historisch	Tarih
Humorvoll	Mizahi
Kollektion	Koleksiyon
Kontext	Bağlam
Leser	Okuyucu
Literarisch	Edebî
Poesie	Şiir
Relevant	İlgili
Roman	Roman
Seite	Sayfa
Serie	Dizi
Tragisch	Trajik

Camping
Kamp Yapmak

Abenteuer	Macera
Berg	Dağ
Feuer	Ateş
Hängematte	Hamak
Hut	Şapka
Insekt	Böcek
Jagd	Avcilik
Kabine	Kabin
Kanu	Kano
Karte	Harita
Kompass	Pusula
Laterne	Fener
Mond	Ay
Natur	Doğa
See	Göl
Seil	Ip
Spass	Eğlence
Tiere	Hayvanlar
Wald	Orman
Zelt	Çadir

Chemie
Kimya

Alkalisch	Alkali
Chlor	Klor
Elektron	Elektron
Enzym	Enzim
Flüssigkeit	Sivi
Gas	Gaz
Gewicht	Ağirlik
Hitze	Isi
Ion	İyon
Katalysator	Katalizör
Kohlenstoff	Karbon
Molekül	Molekül
Nuklear	Nükleer
Organisch	Organik
Reaktion	Reaksiyon
Salz	Tuz
Sauerstoff	Oksijen
Säure	Asit
Temperatur	Sicaklik
Wasserstoff	Hidrojen

Das Unternehmen
Şirket

Einheiten	Birimler
Einnahmen	Gelir
Entscheidung	Karar
Fortschritt	Ilerleme
Geschäft	Iş
Global	Küresel
Industrie	Endüstri
Innovativ	Yenilikçi
Investition	Yatirim
Kreativ	Yaratici
Löhne	Ücretler
Möglichkeit	Olasilik
Präsentation	Sunum
Produkt	Ürün
Professionell	Profesyonel
Qualität	Kalite
Ressourcen	Kaynaklar
Risiken	Riskler
Ruf	Itibar

Diplomatie
Diplomasi

Ausländisch	Yabanci
Berater	Danişman
Botschaft	Elçilik
Botschafter	Büyükelçi
Bürger	Vatandaşlar
Diplomatisch	Diplomatik
Diskussion	Tartişma
Ethik	Etik
Gemeinschaft	Topluluk
Gerechtigkeit	Adalet
Humanitär	İnsani
Integrität	Bütünlük
Konflikt	Çekişme
Lösung	Çözüm
Politik	Siyaset
Regierung	Hükümet
Sicherheit	Güvenlik
Sprachen	Diller
Vertrag	Antlaşma
Zusammenarbeit	İşbirliği

Emotionen
Duygular

Angst	Korku
Aufgeregt	Heyecanli
Dankbar	Minnettar
Entspannt	Rahat
Freude	Sevinç
Freundlichkeit	Nezaket
Frieden	Bariş
Langeweile	Sikinti
Liebe	Aşk
Relief	Rahatlama
Ruhe	Huzur
Ruhig	Sakin
Sympathie	Sempati
Traurigkeit	Üzüntü
Überraschen	Sürpriz
Wut	Öfke
Zärtlichkeit	Hassasiyet
Zufrieden	Memnun

Energie
Enerji

Batterie	Pil
Benzin	Benzin
Brennstoff	Yakit
Diesel	Mazot
Elektrisch	Elektrik
Elektron	Elektron
Entropie	Entropi
Erneuerbar	Yenilenebilir
Hitze	Isi
Industrie	Endüstri
Kohlenstoff	Karbon
Motor	Motor
Nuklear	Nükleer
Photon	Foton
Sonne	Güneş
Turbine	Türbin
Umwelt	Çevre
Verschmutzung	Kirlilik
Wasserstoff	Hidrojen
Wind	Rüzgar

Ernährung
Beslenme

Appetit	Iştah
Ausgewogen	Dengeli
Bitter	Aci
Diät	Diyet
Essbar	Yenilebilir
Fermentation	Fermantasyon
Flüssigkeiten	Sivilar
Geschmack	Lezzet
Gesund	Sağlikli
Gesundheit	Sağlik
Gewicht	Ağirlik
Gewürze	Baharat
Kalorien	Kalori
Nährstoff	Besin
Proteine	Protein
Qualität	Kalite
Sosse	Sos
Toxin	Toksin
Verdauung	Sindirim
Vitamin	Vitamini

Essen #1
Yemek #1

Basilikum	Fesleğen
Birne	Armut
Erdbeere	Çilek
Erdnuss	Fistik
Fleisch	Et
Kaffee	Kahve
Karotte	Havuç
Knoblauch	Sarimsak
Milch	Süt
Rübe	Şalgam
Saft	Meyve Suyu
Salat	Salata
Salz	Tuz
Spinat	Ispanak
Suppe	Çorba
Thunfisch	Balik
Zimt	Tarçin
Zitrone	Limon
Zucker	Şeker
Zwiebel	Soğan

Essen #2
Yemek #2

Apfel	Elma
Artischocke	Enginar
Aubergine	Patlican
Banane	Muz
Brokkoli	Brokoli
Brot	Ekmek
Ei	Yumurta
Fisch	Balik
Joghurt	Yoğurt
Käse	Peynir
Kirsche	Kiraz
Mandel	Badem
Pilz	Mantar
Reis	Pirinç
Schinken	Jambon
Schokolade	Çikolata
Sellerie	Kereviz
Spargel	Kuşkonmaz
Tomate	Domates
Weizen	Buğday

Ethik
Etik

Altruismus	Özgecilik
Diplomatisch	Diplomatik
Ehrlichkeit	Dürüstlük
Freundlichkeit	Nezaket
Geduld	Sabir
Individualismus	Bireycilik
Integrität	Bütünlük
Menschheit	İnsanlik
Mitgefühl	Merhamet
Optimismus	Iyimserlik
Philosophie	Felsefe
Rationalität	Rasyonalite
Realismus	Gerçekçilik
Respektvoll	Saygili
Toleranz	Tolerans
Vernünftig	Makul
Weisheit	Bilgelik
Werte	Değerler
Würde	Haysiyet
Zusammenarbeit	İşbirliği

Fahren
Sürüş

Auto	Araba
Bremsen	Frenler
Brennstoff	Yakit
Bus	Otobüs
Garage	Garaj
Gas	Gaz
Gefahr	Tehlike
Geschwindigkeit	Hiz
Karte	Harita
Lizenz	Lisans
Lkw	Kamyon
Motor	Motor
Motorrad	Motosiklet
Polizei	Polis
Sicherheit	Emniyet
Transport	Taşimacilik
Tunnel	Tünel
Unfall	Kaza
Verkehr	Trafik
Vorsicht	Dikkat

Fahrzeuge
Araçlar

Auto	Araba
Boot	Bot
Bus	Otobüs
Fahrrad	Bisiklet
Fähre	Feribot
Floss	Sal
Flugzeug	Uçak
Hubschrauber	Helikopter
Krankenwagen	Ambulans
Lkw	Kamyon
Motor	Motor
Rakete	Roket
Reifen	Lastikler
Taxi	Taksi
Traktor	Traktör
U-Bahn	Metro
U-Boot	Denizalti
Van	Van
Wohnwagen	Kervan
Zug	Tren

Familie
Aile

Bruder	Erkek Kardeş
Ehefrau	Kadin Eş
Ehemann	Koca
Enkel	Torun
Grossmutter	Büyükanne
Grossvater	Büyük Baba
Kind	Çocuk
Kinder	Çocuklar
Kindheit	Çocukluk
Mutter	Anne
Neffe	Erkek Yeğen
Nichte	Yeğen
Onkel	Amca
Schwester	Kiz Kardeş
Tante	Teyze
Tochter	Kiz Evlat
Vater	Baba
Vetter	Kuzen
Vorfahr	Ata
Zwillinge	İkizler

Flugzeuge
Uçaklar

Abenteuer	Macera
Abstieg	Iniş
Atmosphäre	Atmosfer
Aufblasen	Şişirmek
Ballon	Balon
Brennstoff	Yakit
Crew	Mürettebat
Design	Tasarim
Geschichte	Tarih
Himmel	Gökyüzü
Höhe	Yükseklik
Konstruktion	Yapi
Luft	Hava
Motor	Motor
Passagier	Yolcu
Pilot	Pilot
Propeller	Pervane
Richtung	Yön
Turbulenz	Türbülans
Wasserstoff	Hidrojen

Formen
Şekilliler

Bogen	Ark
Dreieck	Üçgen
Ecke	Köşe
Ellipse	Elips
Hyperbel	Hiperbol
Kanten	Kenarlar
Kegel	Koni
Kreis	Daire
Kurve	Eğri
Linie	Sira
Oval	Oval
Polygon	Çokgen
Prisma	Prizma
Pyramide	Piramit
Quadrat	Kare
Rechteck	Dikdörtgen
Rund	Yuvarlak
Seite	Yan
Würfel	Küp
Zylinder	Silindir

Garten
Bahçe

Bank	Bank
Baum	Ağaç
Blume	Çiçek
Boden	Toprak
Busch	Çali
Garage	Garaj
Garten	Bahçe
Gras	Çimen
Hängematte	Hamak
Rechen	Tirmik
Schaufel	Kürek
Schlauch	Hortum
Teich	Gölet
Terrasse	Teras
Trampolin	Trambolin
Unkraut	Otlar
Veranda	Veranda
Zaun	Çit

Gartenarbeit
Bahçıvanlık

Blatt	Yaprak
Blüte	Çiçek
Boden	Toprak
Botanisch	Botanik
Container	Konteyner
Essbar	Yenilebilir
Exotisch	Egzotik
Feuchtigkeit	Nem
Klima	Iklim
Kompost	Kompost
Laub	Yeşillik
Obstgarten	Bahçe
Saat	Tohum
Saisonal	Mevsimlik
Schlauch	Hortum
Schmutz	Kir
Strauss	Buket
Wasser	Su

Gebäude
Site

Bauernhof	Çiftlik
Botschaft	Elçilik
Fabrik	Fabrika
Garage	Garaj
Herberge	Pansiyon
Hotel	Otel
Kabine	Kabin
Kino	Sinema
Krankenhaus	Hastane
Labor	Laboratuvar
Museum	Müze
Observatorium	Rasathane
Scheune	Ahir
Schule	Okul
Stadion	Stadyum
Supermarkt	Süpermarket
Theater	Tiyatro
Turm	Kule
Universität	Üniversite
Zelt	Çadir

Gemüse
Sebzeler

Artischocke	Enginar
Aubergine	Patlican
Blumenkohl	Karnabahar
Brokkoli	Brokoli
Erbse	Bezelye
Gurke	Salatalik
Ingwer	Zencefil
Karotte	Havuç
Kartoffel	Patates
Knoblauch	Sarimsak
Kürbis	Kabak
Olive	Zeytin
Petersilie	Maydanoz
Pilz	Mantar
Rübe	Şalgam
Salat	Salata
Sellerie	Kereviz
Spinat	Ispanak
Tomate	Domates
Zwiebel	Soğan

Geographie
Coğrafya

Atlas	Atlas
Äquator	Ekvator
Berg	Dağ
Breite	Enlem
Fluss	Nehir
Hemisphäre	Yarimküre
Höhe	Rakim
Insel	Ada
Karte	Harita
Kontinent	Kita
Land	Ülke
Längengrad	Boylam
Meer	Deniz
Meridian	Meridyen
Norden	Kuzey
Ozean	Okyanus
Region	Bölge
Stadt	Kent
Welt	Dünya
West	Bati

Geologie
Jeoloji

Erdbeben	Deprem
Erosion	Erozyon
Fossil	Fosil
Geschmolzen	Dökme
Geysir	Gayzer
Höhle	Mağara
Kalzium	Kalsiyum
Kontinent	Kita
Koralle	Mercan
Lava	Lav
Mineralien	Mineraller
Plateau	Yayla
Quarz	Kuvars
Salz	Tuz
Säure	Asit
Stalaktit	Sarkit
Stein	Taş
Vulkan	Volkan
Zone	Bölge
Zyklen	Döngüler

Geometrie
Geometri

Anteil	Oran
Berechnung	Hesaplama
Dimension	Boyut
Dreieck	Üçgen
Durchmesser	Çap
Gleichung	Denklem
Horizontal	Yatay
Höhe	Yükseklik
Kreis	Daire
Kurve	Eğri
Logik	Mantik
Masse	Kitle
Nummer	Numara
Oberfläche	Yüzey
Parallel	Koşut
Quadrat	Kare
Segment	Bölüm
Symmetrie	Simetri
Theorie	Teori
Winkel	Açi

Geschäft
İşletme

Arbeitgeber	Işveren
Budget	Bütçe
Büro	Ofis
Einkommen	Gelir
Fabrik	Fabrika
Geld	Para
Geschäft	Dükkan
Gewinn	Kâr
Investition	Yatirim
Karriere	Kariyer
Kosten	Maliyet
Manager	Yönetici
Mitarbeiter	Çalişan
Rabatt	Indirim
Steuern	Vergi
Transaktion	Işlem
Verkauf	Satiş
Ware	Mal
Währung	Para Birimi
Wirtschaft	Ekonomi

Gesundheit und Wellness #1
Sağlık ve Zindelik #1

Aktiv	Etkin
Apotheke	Eczane
Arzt	Doktor
Bakterien	Bakteri
Behandlung	Tedavi
Entspannung	Rahatlama
Fraktur	Kirik
Gewohnheit	Alişkanlik
Haut	Cilt
Höhe	Yükseklik
Hunger	Açlik
Klinik	Klinik
Knochen	Kemikler
Medizin	İlaç
Medizinisch	Tibbi
Nerven	Sinirler
Reflex	Refleks
Therapie	Terapi
Verletzung	Yaralanma
Virus	Virüs

Gesundheit und Wellness #2
Sağlık ve Zindelik #2

Allergie	Alerji
Anatomie	Anatomi
Appetit	Iştah
Blut	Kan
Diät	Diyet
Energie	Enerji
Genetik	Genetik
Gesund	Sağlikli
Gewicht	Ağirlik
Hygiene	Hijyen
Infektion	Enfeksiyon
Kalorie	Kalori
Krankenhaus	Hastane
Krankheit	Hastalik
Massage	Masaj
Risiken	Riskler
Schlafen	Uyku
Sport	Spor
Stress	Stres
Vitamin	Vitamini

Gewürze
Baharat

Anis	Anason
Bitter	Aci
Curry	Köri
Fenchel	Rezene
Geschmack	Lezzet
Ingwer	Zencefil
Kardamom	Kakule
Knoblauch	Sarimsak
Lakritze	Meyan
Muskatnuss	Ceviz
Nelke	Karanfil
Paprika	Kirmizi Biber
Pfeffer	Biber
Safran	Safran
Salz	Tuz
Sauer	Ekşi
Süss	Tatli
Vanille	Vanilya
Zimt	Tarçin
Zwiebel	Soğan

Globale Erwärmung
Küresel Isınma

Arktis	Arktik
Bevölkerung	Nüfus
Daten	Veri
Energie	Enerji
Entwicklung	Gelişme
Gas	Gaz
Generationen	Nesiller
Gesetzgebung	Mevzuat
Industrie	Endüstri
International	Uluslararasi
Jetzt	Şimdi
Klima	Iklim
Krise	Kriz
Reduzieren	Azaltmak
Regierung	Hükümet
Temperaturen	Sicakliklar
Umwelt	Çevresel
Zukunft	Gelecek

Haartypen
Saç Tipleri

Blond	Sarişin
Braun	Kahverengi
Dick	Kalin
Dünn	Ince
Farbig	Renkli
Geflochten	Örgülü
Gesund	Sağlikli
Glänzend	Parlak
Grau	Gri
Kahl	Kel
Kurz	Kisa
Lang	Uzun
Lockig	Kivircik
Schwarz	Siyah
Silber	Gümüş
Trocken	Kuru
Weich	Yumuşak
Weiss	Beyaz
Wellig	Dalgali
Zöpfe	Örgü

Haus
Ev

Besen	Süpürge
Bibliothek	Kütüphane
Dach	Çati
Dachboden	Çati Kati
Decke	Tavan
Dusche	Duş
Fenster	Pencere
Garage	Garaj
Garten	Bahçe
Kamin	Şömine
Küche	Mutfak
Lampe	Lamba
Möbel	Mobilya
Schlafzimmer	Yatak Odasi
Schornstein	Baca
Spiegel	Ayna
Tür	Kapi
Wand	Duvar
Zaun	Çit
Zimmer	Oda

Ingenieurwesen
Mühendislik

Achse	Eksen
Berechnung	Hesaplama
Diagramm	Diyagram
Diesel	Mazot
Drehung	Rotasyon
Durchmesser	Çap
Energie	Enerji
Flüssigkeit	Sivi
Hebel	Kol
Maschine	Makine
Messung	Ölçüm
Motor	Motor
Reibung	Sürtünme
Stabilität	Sebat
Stärke	Kuvvet
Struktur	Yapi
Tiefe	Derinlik
Verteilung	Dağitim
Winkel	Açi

Jazz
Cazcı

Album	Albüm
Alt	Yaş
Applaus	Alkiş
Berühmt	Ünlü
Genre	Tür
Improvisation	Doğaçlama
Komponist	Besteci
Konzert	Konser
Künstler	Sanatçi
Lied	Şarki
Musik	Müzik
Musiker	Müzisyenler
Neu	Yeni
Orchester	Orkestra
Rhythmus	Ritim
Solo	Solo
Stil	Tarz
Talent	Yetenek
Technik	Teknik
Zusammensetzung	Kompozisyon

Kleidung
Giyim

Armband	Bilezik
Bluse	Bluz
Gürtel	Kemer
Halskette	Kolye
Handschuhe	Eldivenler
Hemd	Gömlek
Hose	Pantolon
Hut	Şapka
Jacke	Ceket
Jeans	Kot
Kleid	Elbise
Mode	Moda
Pullover	Kazak
Rock	Etek
Sandalen	Sandalet
Schal	Eşarp
Schlafanzug	Pijama
Schmuck	Taki
Schuh	Ayakkabi
Schürze	Önlük

Kraft und Schwerkraft
Kuvvet ve Yerçekimi

Abstand	Mesafe
Achse	Eksen
Center	Merkez
Druck	Basinç
Dynamisch	Dinamik
Eigenschaften	Özellikler
Entdeckung	Keşif
Expansion	Genişleme
Geschwindigkeit	Hiz
Gewicht	Ağirlik
Magnetismus	Manyetizma
Mechanik	Mekanik
Orbit	Yörünge
Physik	Fizik
Planeten	Gezegenler
Reibung	Sürtünme
Universal	Evrensel
Zeit	Zaman

Krankheit
Hastalık

Akut	Akut
Allergien	Alerjiler
Ansteckend	Bulaşici
Atemwege	Solunum
Bakteriell	Bakteriyel
Chronisch	Kronik
Entzündung	İltihap
Erblich	Kalitsal
Genetisch	Genetik
Gesundheit	Sağlik
Herz	Kalp
Immunität	Bağişiklik
Knochen	Kemikler
Körper	Vücut
Neuropathie	Nöropati
Schwach	Zayif
Sinus	Sinüs
Syndrom	Sendrom
Therapie	Terapi

Kräuterkunde
Bitkicilik

Aromatisch	Aromatik
Basilikum	Fesleğen
Blume	Çiçek
Dill	Dereotu
Estragon	Tarhun
Fenchel	Rezene
Garten	Bahçe
Geschmack	Lezzet
Grün	Yeşil
Knoblauch	Sarimsak
Kulinarisch	Mutfak
Lavendel	Lavanta
Majoran	Mercanköşk
Petersilie	Maydanoz
Qualität	Kalite
Rosmarin	Biberiye
Safran	Safran
Thymian	Kekik
Vorteilhaft	Faydali
Zutat	Içerik

Kunst Liefert
Sanat Malzemeleri

Acryl	Akrilik
Bleistifte	Kalemler
Bürsten	Firçalar
Farben	Renk
Ideen	Fikirler
Kamera	Kamera
Kreativität	Yaraticilik
Leim	Tutkal
Öl	Yağ
Papier	Kâğit
Radiergummi	Silgi
Staffelei	Şövale
Stuhl	Sandalye
Tabelle	Masa
Tinte	Mürekkep
Ton	Kil
Wasser	Su

Landschaften
Manzaralar

Berg	Dağ
Eisberg	Buzdaği
Fluss	Nehir
Geysir	Gayzer
Gletscher	Buzul
Golf	Körfez
Halbinsel	Yarimada
Höhle	Mağara
Hügel	Tepe
Insel	Ada
Meer	Deniz
Oase	Vaha
See	Göl
Strand	Plaj
Sumpf	Bataklik
Tal	Vadi
Tundra	Tundra
Vulkan	Volkan
Wasserfall	Şelale
Wüste	Çöl

Länder #1
Ülkeler #1

Ägypten	Misir
Brasilien	Brezilya
Deutschland	Almanya
Finnland	Finlandiya
Indien	Hindistan
Irak	Irak
Israel	İsrail
Italien	İtalya
Kambodscha	Kamboçya
Kanada	Kanada
Lettland	Letonya
Mali	Mali
Nicaragua	Nikaragua
Norwegen	Norveç
Polen	Polonya
Rumänien	Romanya
Senegal	Senegal
Spanien	İspanya
Venezuela	Venezuela
Vietnam	Vietnam

Länder #2
Ülkeler #2

Albanien	Arnavutluk
Äthiopien	Etiyopya
Frankreich	Fransa
Griechenland	Yunanistan
Haiti	Haiti
Irland	İrlanda
Jamaika	Jamaika
Japan	Japonya
Kenia	Kenya
Laos	Laos
Liberia	Liberya
Mexiko	Meksika
Nepal	Nepal
Nigeria	Nijerya
Pakistan	Pakistan
Russland	Rusya
Sudan	Sudan
Syrien	Suriye
Uganda	Uganda
Ukraine	Ukrayna

Literatur
Edebiyat

Analogie	Analoji
Analyse	Analiz
Anekdote	Anekdot
Autor	Yazar
Beschreibung	Tanim
Biographie	Biyografi
Dialog	Diyalog
Erzähler	Anlatici
Fiktion	Kurgu
Gedicht	Şiir
Metapher	Mecaz
Poetisch	Şiirsel
Reim	Kafiye
Rhythmus	Ritim
Roman	Roman
Schlussfolgerung	Sonuç
Stil	Tarz
Thema	Tema
Tragödie	Trajedi
Vergleich	Karşilaştirma

Mathematik
Matematik

Arithmetik	Aritmetik
Bruchteil	Kesir
Dezimal	Ondalik
Dreieck	Üçgen
Durchmesser	Çap
Exponent	Üs
Geometrie	Geometri
Gleichung	Denklem
Kugel	Küre
Parallel	Koşut
Parallelogramm	Paralelkenar
Polygon	Çokgen
Quadrat	Kare
Radius	Yariçap
Rechteck	Dikdörtgen
Summe	Toplam
Symmetrie	Simetri
Umfang	Çevre
Volumen	Hacim
Winkel	Açilar

Meditation
Meditasyon

Annahme	Kabul
Atmung	Nefes Alma
Bewegung	Hareket
Dankbarkeit	Minnettarlik
Freundlichkeit	Nezaket
Frieden	Bariş
Gedanken	Düşünceler
Geistig	Zihinsel
Glück	Mutluluk
Haltung	Duruş
Klarheit	Açiklik
Lernen	Öğrenmek
Mitgefühl	Merhamet
Musik	Müzik
Natur	Doğa
Perspektive	Perspektif
Ruhig	Sakin
Stille	Sessizlik
Verstand	Akil
Wach	Uyanik

Menschlicher Körper
İnsan Vücudu

Bein	Bacak
Blut	Kan
Ellbogen	Dirsek
Finger	Parmak
Gehirn	Beyin
Gesicht	Yüz
Hals	Boyun
Hand	El
Haut	Cilt
Herz	Kalp
Kinn	Çene
Knie	Diz
Knöchel	Ayak Bileği
Kopf	Baş
Magen	Mide
Mund	Ağiz
Nase	Burun
Ohr	Kulak
Schulter	Omuz
Zunge	Dil

Messungen
Ölçümler

Breite	Genişlik
Byte	Bayt
Dezimal	Ondalik
Gewicht	Ağirlik
Grad	Derece
Gramm	Gram
Höhe	Yükseklik
Kilogramm	Kilogram
Kilometer	Kilometre
Länge	Uzunluk
Liter	Litre
Masse	Kitle
Meter	Metre
Minute	Dakika
Tiefe	Derinlik
Tonne	Ton
Unze	Ons
Volumen	Hacim
Zentimeter	Santimetre
Zoll	İnç

Musik
Müzik

Album	Albüm
Aufnahme	Kayit
Chor	Koro
Eklektisch	Eklektik
Harmonie	Ahenk
Harmonisch	Harmonik
Improvisieren	Doğaçlama
Instrument	Enstrüman
Klassisch	Klasik
Lyrisch	Lirik
Melodie	Melodi
Mikrofon	Mikrofon
Musical	Müzikal
Musiker	Müzisyen
Oper	Opera
Poetisch	Şiirsel
Rhythmisch	Ritmik
Rhythmus	Ritim
Sänger	Şarkici
Tempo	Tempo

Musikinstrumente
Enstrüman

Banjo	Banço
Cello	Çello
Drumsticks	Baget
Fagott	Fagot
Flöte	Flüt
Geige	Keman
Gitarre	Gitar
Gong	Gong
Harfe	Arp
Klarinette	Klarnet
Klavier	Piyano
Mandoline	Mandolin
Marimba	Marimba
Oboe	Obua
Posaune	Trombon
Saxophon	Saksafon
Schlagzeug	Vurma
Tamburin	Tef
Trommel	Davul
Trompete	Trompet

Mythologie
Mitoloji

Archetyp	Numune
Blitz	Yildirim
Donner	Gök Gürültüsü
Eifersucht	Kiskançlik
Held	Kahraman
Himmel	Cennet
Katastrophe	Felaket
Kreation	Yaratiliş
Kreatur	Yaratik
Krieger	Savaşçi
Kultur	Kültür
Labyrinth	Labirent
Legende	Efsane
Magisch	Büyülü
Monster	Canavar
Rache	Intikam
Stärke	Kuvvet
Sterblich	Ölümlü
Unsterblichkeit	Ölümsüzlük
Verhalten	Davraniş

Natur
Doğa

Arktis	Arktik
Berge	Dağlar
Bienen	Arlar
Dynamisch	Dinamik
Erosion	Erozyon
Fluss	Nehir
Friedlich	Huzurlu
Gletscher	Buzul
Heiligtum	Barinak
Heiter	Sakin
Laub	Yeşillik
Lebenswichtig	Hayati
Nebel	Sis
Schönheit	Güzellik
Tiere	Hayvanlar
Tropisch	Tropikal
Wald	Orman
Wild	Vahşi
Wolken	Bulutlar
Wüste	Çöl

Obst
Meyve

Ananas	Ananas
Apfel	Elma
Aprikose	Kayisi
Avocado	Avokado
Banane	Muz
Beere	Dut
Birne	Armut
Brombeere	Böğürtlen
Grapefruit	Greyfurt
Himbeere	Ahududu
Kirsche	Kiraz
Kiwi	Kivi
Melone	Kavun
Nektarine	Nektar
Orange	Turuncu
Papaya	Papaya
Pfirsich	Şeftali
Pflaume	Erik
Traube	Üzüm
Zitrone	Limon

Ozean
Okyanus

Aal	Yilan Baliği
Algen	Yosun
Auster	İstiridye
Boot	Bot
Delfin	Yunus
Fisch	Balik
Garnele	Karides
Gezeiten	Gelgit
Hai	Köpekbaliği
Koralle	Mercan
Krabbe	Yengeç
Krake	Ahtapot
Qualle	Denizanasi
Riff	Resif
Salz	Tuz
Schildkröte	Kaplumbağa
Schwamm	Sünger
Sturm	Firtina
Wal	Balina
Wellen	Dalgalar

Pflanzen
Bitkiler

Bambus	Bambu
Baum	Ağaç
Beere	Dut
Blume	Çiçek
Blütenblatt	Yaprak
Bohne	Fasulye
Botanik	Botanik
Busch	Çali
Dünger	Gübre
Efeu	Sarmaşik
Flora	Flora
Garten	Bahçe
Gras	Çimen
Kaktus	Kaktüs
Kraut	Ot
Laub	Yeşillik
Moos	Yosun
Vegetation	Bitki Örtüsü
Wald	Orman
Wurzel	Kök

Physik
Fizikçi

Atom	Atom
Beschleunigung	Hizlanma
Chaos	Kaos
Chemisch	Kimyasal
Dichte	Yoğunluk
Elektron	Elektron
Experiment	Deney
Formel	Formül
Frequenz	Siklik
Gas	Gaz
Geschwindigkeit	Hiz
Magnetismus	Manyetizma
Masse	Kitle
Mechanik	Mekanik
Molekül	Molekül
Motor	Motor
Nuklear	Nükleer
Partikel	Partikül
Relativität	Görelilik
Universal	Evrensel

Politik
Siyaset

Aktivist	Aktivist
Ethik	Etik
Freiheit	Özgürlük
Gleichheit	Eşitlik
Kampagne	Kampanya
Kandidat	Aday
Komitee	Komite
Meinung	Görüş
National	Ulusal
Politik	Politika
Politiker	Politikaci
Popularität	Popülerlik
Rat	Konsey
Regierung	Hükümet
Sieg	Zafer
Steuern	Vergi
Strategie	Strateji
Wahl	Seçim

Psychologie
Psikoloji

Bewertung	Değerlendirme
Bewusstlos	Bilinçsiz
Ego	Ego
Einflüsse	Etkiler
Gedanken	Düşünceler
Ideen	Fikirler
Kindheit	Çocukluk
Klinisch	Klinik
Kognition	Biliş
Konflikt	Çekişme
Persönlichkeit	Kişilik
Problem	Sorun
Sensation	His
Termin	Randevu
Therapie	Terapi
Träume	Hayal
Unterbewusstsein	Bilinçalti
Verhalten	Davraniş
Wahrnehmung	Algi
Wirklichkeit	Gerçeklik

Regierung
Devlet

Bezirk	Bölge
Demokratie	Demokrasi
Denkmal	Anit
Diskussion	Tartişma
Freiheit	Özgürlük
Friedlich	Huzurlu
Führer	Lider
Gerechtigkeit	Adalet
Gesetz	Kanun
Gleichheit	Eşitlik
Nation	Ulus
National	Ulusal
Politik	Siyaset
Rechte	Haklar
Rede	Konuşma
Staat	Devlet
Symbol	Sembol
Unabhängigkeit	Bağimsizlik
Verfassung	Anayasa
Zivil	Sivil

Restaurant #2
Restoran #2

Eier	Yumurta
Eis	Buz
Fisch	Balik
Frucht	Meyve
Gabel	Çatal
Gemüse	Sebzeler
Gewürze	Baharat
Kellner	Garson
Köstlich	Lezzetli
Kuchen	Kek
Löffel	Kaşik
Nudeln	Erişte
Salat	Salata
Salz	Tuz
Stuhl	Sandalye
Suppe	Çorba
Vorspelse	Meze
Wasser	Su

Säugetiere
Memeliler

Affe	Maymun
Bär	Ayi
Biber	Kunduz
Elefant	Fil
Fuchs	Tilki
Giraffe	Zürafa
Gorilla	Goril
Hund	Köpek
Känguru	Kanguru
Kojote	Çakal
Löwe	Aslan
Panther	Panter
Pferd	At
Ratte	Siçan
Schaf	Koyun
Stier	Boğa
Tiger	Kaplan
Wal	Balina
Wolf	Kurt
Zebra	Zebra

Schokolade
Çikolatalı

Antioxidans	Antioksidan
Aroma	Aroma
Bitter	Aci
Essen	Yemek
Exotisch	Egzotik
Favorit	Favori
Geschmack	Lezzet
Handwerklich	Zanaat
Kakao	Kakao
Kalorien	Kalori
Karamell	Karamel
Köstlich	Lezzetli
Pulver	Toz
Qualität	Kalite
Süss	Tatli
Verlangen	Özlem
Zucker	Şeker
Zutat	Içerik

Schönheit
Güzellik

Anmut	Lütuf
Charme	Cazibe
Duft	Koku
Elegant	Zarif
Eleganz	Zarafet
Farbe	Renk
Fotogen	Fotojenik
Glatt	Düz
Haut	Cilt
Kosmetik	Kozmetik
Lippenstift	Ruj
Öle	Yağlar
Schere	Makas
Shampoo	Şampuan
Spiegel	Ayna
Stylist	Stilist
Wimperntusche	Maskara

Science Fiction
Bilim Kurgu

Bücher	Kitaplar
Chemikalien	Kimyasallar
Explosion	Patlama
Extrem	Aşiri
Fantastisch	Fantastik
Feuer	Ateş
Futuristisch	Fütüristik
Galaxie	Gökada
Geheimnisvoll	Gizemli
Illusion	Yanilsama
Imaginär	Hayali
Kino	Sinema
Orakel	Kehanet
Planet	Gezegen
Realistisch	Gerçekçi
Roboter	Robotlar
Szenario	Senaryo
Technologie	Teknoloji
Utopie	Ütopya
Welt	Dünya

Sport
Spor

Athlet	Atlet
Baseball	Beyzbol
Basketball	Basketbol
Bewegung	Hareket
Eishockey	Hokey
Fahrrad	Bisiklet
Gewinner	Kazanan
Golf	Golf
Gymnasium	Salon
Gymnastik	Jimnastik
Mannschaft	Takim
Meisterschaft	Şampiyon
Schiedsrichter	Hakem
Spiel	Oyun
Spieler	Oyuncu
Stadion	Stadyum
Tennis	Tenis
Trainer	Koç

Stadt
Kasaba

Apotheke	Eczane
Bank	Banka
Bäckerei	Firin
Bibliothek	Kütüphane
Blumenhändler	Çiçekçi
Buchhandlung	Kitapçi
Flughafen	Havalimani
Galerie	Galeri
Hotel	Otel
Kino	Sinema
Klinik	Klinik
Markt	Pazar
Museum	Müze
Restaurant	Restoran
Salon	Salon
Schule	Okul
Stadion	Stadyum
Supermarkt	Süpermarket
Theater	Tiyatro
Universität	Üniversite

Strand
Plaj

Blau	Mavi
Boot	Bot
Dock	Dok
Handtuch	Havlu
Insel	Ada
Krabbe	Yengeç
Küste	Sahil
Lagune	Lagün
Meer	Deniz
Ozean	Okyanus
Regenschirm	Şemsiye
Riff	Resif
Sand	Kum
Sandalen	Sandalet
Segelboot	Yelkenli
Sonne	Güneş
Urlaub	Tatil

Tage und Monate
Günler ve Aylar

August	Ağustos
Dezember	Aralik
Dienstag	Sali
Donnerstag	Perşembe
Februar	Şubat
Freitag	Cuma
Jahr	Yil
Januar	Ocak
Juli	Temmuz
Juni	Haziran
Kalender	Takvim
Mittwoch	Çarşamba
Monat	Ay
Montag	Pazartesi
November	Kasim
Oktober	Ekim
Samstag	Cumartesi
September	Eylül
Sonntag	Pazar
Woche	Hafta

Tanzen
Dans

Akademie	Akademi
Anmut	Lütuf
Ausdrucksvoll	Anlamli
Bewegung	Hareket
Choreographie	Koreografi
Emotion	Duygu
Freudig	Neşeli
Haltung	Duruş
Klassisch	Klasik
Körper	Vücut
Kultur	Kültür
Kulturell	Kültürel
Kunst	Sanat
Musik	Müzik
Partner	Ortak
Probe	Prova
Rhythmus	Ritim
Traditionell	Geleneksel
Visuell	Görsel

Technologie
Teknoloji

Bildschirm	Ekran
Blog	Blog
Browser	Tarayici
Bytes	Bayt
Computer	Bilgisayar
Cursor	İmleç
Datei	Dosya
Daten	Veri
Digital	Dijital
Forschung	Araştirma
Internet	İnternet
Kamera	Kamera
Nachricht	Mesaj
Sicherheit	Güvenlik
Software	Yazilim
Statistik	İstatistik
Virtuell	Sanal
Virus	Virüs

Universum
Evren

Astronom	Astronom
Astronomie	Astronomi
Atmosphäre	Atmosfer
Äon	Eon
Äquator	Ekvator
Breite	Enlem
Dunkelheit	Karanlik
Galaxie	Gökada
Hemisphäre	Yarimküre
Himmel	Gökyüzü
Himmlisch	Göksel
Horizont	Ufuk
Kosmisch	Kozmik
Längengrad	Boylam
Mond	Ay
Orbit	Yörünge
Sichtbar	Görünür
Sonnenwende	Gündönümü
Teleskop	Teleskop
Tierkreis	Zodyak

Urlaub #2
Tatil #2

Ausländer	Yabanci
Berge	Dağlar
Flughafen	Havalimani
Fotos	Fotoğraflar
Freizeit	Boş
Hotel	Otel
Insel	Ada
Karte	Harita
Meer	Deniz
Pass	Pasaport
Reise	Seyahat
Restaurant	Restoran
Strand	Plaj
Taxi	Taksi
Transport	Taşimacilik
Visum	Vize
Zelt	Çadir
Ziel	Hedef
Zug	Tren

Vögel
Kuşlar

Adler	Kartal
Ei	Yumurta
Ente	Ördek
Eule	Baykuş
Flamingo	Flamingo
Gans	Kaz
Huhn	Tavuk
Krähe	Karga
Kuckuck	Guguk
Möwe	Marti
Papagei	Papağan
Pelikan	Pelikan
Pfau	Tavus
Pinguin	Penguen
Rabe	Kuzgun
Reiher	Balikçil
Schwan	Kuğu
Spatz	Serçe
Storch	Leylek
Taube	Güvercin

Wandern
Yürüyüş

Berg	Dağ
Gefahren	Tehlikeler
Gipfel	Toplanti
Karte	Harita
Klima	Iklim
Klippe	Uçurum
Müde	Yorgun
Natur	Doğa
Orientierung	Oryantasyon
Parks	Parklar
Schwer	Ağir
Sonne	Güneş
Steine	Taşlar
Tiere	Hayvanlar
Vorbereitung	Hazirlik
Wasser	Su
Wetter	Hava
Wild	Vahşi

Wasser
Suçlu

Bewässerung	Sulama
Dampf	Buhar
Dusche	Duş
Eis	Buz
Feuchtigkeit	Nem
Fluss	Nehir
Flut	Sel
Frost	Don
Geysir	Gayzer
Hurrikan	Kasirga
Kanal	Kanal
Monsun	Muson
Ozean	Okyanus
Regen	Yağmur
Schnee	Kar
See	Göl
Verdunstung	Buharlaşma
Wellen	Dalgalar

Wetter
Hava

Atmosphäre	Atmosfer
Blitz	Yildirim
Brise	Esinti
Donner	Gök Gürültüsü
Dürre	Kuraklik
Eis	Buz
Flut	Sel
Himmel	Gökyüzü
Klima	Iklim
Monsun	Muson
Nebel	Sis
Polar	Kutup
Regenbogen	Gökkuşaği
Sturm	Firtina
Temperatur	Sicaklik
Tornado	Kasirga
Trocken	Kuru
Tropisch	Tropik
Wind	Rüzgâr
Wolke	Bulut

Wissenschaft
Bilim

Atom	Atom
Chemisch	Kimyasal
Daten	Veri
Evolution	Evrim
Experiment	Deney
Fossil	Fosil
Hypothese	Hipotez
Klima	Iklim
Labor	Laboratuvar
Methode	Yöntem
Mineralien	Mineraller
Moleküle	Molekül
Natur	Doğa
Organismus	Organizma
Partikel	Parçaciklar
Pflanzen	Bitkiler
Physik	Fizik
Schwerkraft	Yerçekimi
Tatsache	Gerçek

Wissenschaftliche Disziplinen
Bilimsel Disiplinler

Anatomie	Anatomi
Archäologie	Arkeoloji
Astronomie	Astronomi
Biochemie	Biyokimya
Biologie	Biyoloji
Botanik	Botanik
Chemie	Kimya
Geologie	Jeoloji
Immunologie	İmmünoloji
Kinesiologie	Kinesiyoloji
Linguistik	Dilbilim
Mechanik	Mekanik
Mineralogie	Mineraloji
Neurologie	Nöroloji
Ökologie	Ekoloji
Physiologie	Fizyoloji
Psychologie	Psikoloji
Soziologie	Sosyoloji
Thermodynamik	Termodinamik
Zoologie	Zooloji

Zahlen
Şiir

Acht	Sekiz
Achtzehn	Onsekiz
Dezimal	Ondalik
Drei	Üç
Dreizehn	On Üç
Eins	Bir
Fünf	Beş
Neun	Dokuz
Neunzehn	On Dokuz
Null	Sifir
Sechs	Alti
Sechzehn	On Alti
Sieben	Yedi
Siebzehn	On Yedi
Vier	Dört
Vierzehn	On Dört
Zehn	On
Zwanzig	Yirmi
Zwei	2
Zwölf	On Iki

Zeit
Zaman

Früh	Erken
Gestern	Dün
Heute	Bugün
Jahr	Yil
Jahrhundert	Yüzyil
Jahrzehnt	On Yil
Jährlich	Yillik
Jetzt	Şimdi
Kalender	Takvim
Minute	Dakika
Mittag	Öğle
Monat	Ay
Morgen	Sabah
Nach	Sonra
Nacht	Gece
Tag	Gün
Uhr	Saat
Vor	Önce
Woche	Hafta
Zukunft	Gelecek

Zu Füllen
Doldurmak

Becken	Havza
Box	Kutu
Eimer	Kova
Fass	Fiçi
Flasche	Şişe
Karton	Karton
Kiste	Sandik
Koffer	Bavul
Korb	Sepet
Krug	Kavanoz
Mappe	Klasör
Paket	Paket
Rohr	Tüp
Schublade	Çekmece
Tablett	Tepsi
Tasche	Çanta
Umschlag	Zarf
Vase	Vazo
Wanne	Küvet

Gratuliere

Sie haben es geschafft !!

Wir hoffen, dass euch dieses Buch genauso viel Spaß gemacht hat wie uns dessen Herstellung. Wir tun unser Bestes, um qualitativ hochwertige Spiele zu erfinden. Diese Rätsel sind auf eine clevere Art und Weise entworfen, damit sie aktiv lernen und daran Vergnügen finden.

Hat ihnen das Buch gefallen ?

Eine einfache Bitte

Unsere Bücher existieren dank der Rezensionen, die sie veröffentlichen. Können sie uns helfen indem sie jetzt eine Meinung hinterlassen ?

Hier ist ein kurzer Link, der Sie zu ihrer Bewertungsseite führt

BestBooksActivity.com/Rezension50

MONSTER HERAUSFÖRDERUNGEN !

Herausförderung 1

Bereit für ihr Bonusspiel? Wir verwenden sie ständig, aber sie sind nicht einfach zu finden. Es sind die Synonyme !

Notieren sie 5 Wörter, die sie in den untenstehenden Rätseln (Nummer 21, 36 und 76) entdeckt haben und versuchen sie für jedes Wort 2 Synonyme zu finden .

Notieren sie 5 Wörter aus **Rätsel 21**

Wörter	Synonym 1	Synonym 2

Notieren sie 5 Wörter aus **Rätsel 36**

Wörter	Synonym 1	Synonym 2

Notieren sie 5 Wörter aus **Rätsel 76**

Wörter	Synonym 1	Synonym 2

Herausförderung 2

Jetzt, wo sie warm sind, notieren sie 5 Wörter, die sie in jedem der untenaufgeführten Rätseln entdeckt haben (Nummer 9, 17 und 25) und versuchen sie für jedes Wort 2 Antonyme zu finden. Wie viele davon können sie binnen 20 Minuten finden ?

Notieren sie 5 Wörter aus **Rätsel 9**

Wörter	Antonym 1	Antonym 2

Notieren sie 5 Wörter aus **Rätsel 17**

Wörter	Antonym 1	Antonym 2

Notieren sie 5 Wörter aus **Rätsel 25**

Wörter	Antonym 1	Antonym 2

Herausförderung 3

Wunderbar, diese Monster Herausförderung  wird kein Problem für sie sein !

Bereit für die letzte Herausförderung? Wählen sie ihre 10 Lieblingswörter aus, die sie in einem Rätsel entdeckt haben und notieren sie sie unten.

1.	6.
2.	7.
3.	8.
4.	9.
5.	10.

Die Aufgabe besteht nun darin mit diesen Wörtern und in maximal sechs Sätzen einen Text herzustellen über eine Person, ein Tier oder ein Ort den sie lieben !

Tipp : sie können die letzten leeren Seiten dieses Buches als Entwurf verwenden

Ihr Schreiben :

_____

_____

_____

_____

_____

_____

_____

NOTIZBUCH :

AUF BALDIGES WIEDERSEHEN !

Linguas Classics

KOSTENLOSE SPIELE GENIESSEN

GO

↓

BESTACTIVITYBOOKS.COM/FREEGAMES